U0634789

大数据时代下的企业财务风险管理研究

曹宇波 著

北京工业大学出版社

图书在版编目（CIP）数据

大数据时代下的企业财务风险管理研究 / 曹宇波著．—
北京 ：北京工业大学出版社，2020.12（2022.1 重印）
　ISBN 978-7-5639-7801-4

　Ⅰ．①大… Ⅱ．①曹… Ⅲ．①企业管理－财务管理－
风险管理－研究 Ⅳ．① F275

　中国版本图书馆 CIP 数据核字（2020）第 268482 号

大数据时代下的企业财务风险管理研究
DASHUJU SHIDAI XIA DE QIYE CAIWU FENGXIAN GUANLI YANJIU

著　　者：	曹宇波
责任编辑：	刘连景
封面设计：	知更壹点
出版发行：	北京工业大学出版社
	（北京市朝阳区平乐园 100 号　邮编：100124）
	010-67391722（传真）　bgdcbs@sina.com
经销单位：	全国各地新华书店
承印单位：	三河市明华印务有限公司
开　　本：	710 毫米 ×1000 毫米　1/16
印　　张：	9.5
字　　数：	190 千字
版　　次：	2020 年 12 月第 1 版
印　　次：	2022 年 1 月第 2 次印刷
标准书号：	ISBN 978-7-5639-7801-4
定　　价：	56.00 元

前　　言

　　大数据的不断发展给企业带来了许多便利，促使企业更加重视数字信息技术，并不断深入挖掘数字信息技术带来的能量。随着经济全球化的不断发展，我国企业不仅要面对国内的竞争，还要面对国外企业以高新技术抢占市场的危机。面对时代的挑战，传统的管理方法已不足以解决我国企业面临的问题。企业财务部门需要更高效的技术来处理大量的数据和信息，企业财务人员也需要这些技术来直接反映市场形势，使领导者更容易预测未来市场的发展趋势，然后根据自己企业的实际情况做出更灵活的决策。制订商业计划和形成正确的发展战略将为企业的快速发展提供良好的数据平台。

　　在大数据背景下，要想使财务的各项信息能够被全面有效利用，就需要有良好的财务信息查询系统作为保障。企业的各个部门、企业与企业之间都需要实现信息共享，这样才能够及时地将财务信息准确快速地传递。创建动态查询系统需要依靠大数据进行，要设有专项人员对信息进行收集、录入和整理，这样才能够方便人们查找财务信息。动态财务信息查询系统所需要收集的各项信息主要是企业各个部门的各项财务信息，同时还有企业各个子公司和市场上其他企业的财务信息。

　　随着时代的不断发展，大数据处理技术的计算速度直接影响到企业的发展方向。企业为了能够在全球经济一体化的时代背景下站稳脚跟，同时实现自己经济利益最大化的目标，就应该充分考虑在大数据时代背景的基础上，勇于面对时代的挑战，接纳新的事物和技术，不断完善自己的财务管理体系，努力实现技术创新。用技术完善企业内部财务管理体系，用科学、高效的方式处理大数据问题，确保企业投资、发展的正确性，在不断增强企业核心竞争力的同时，实现企业利益最大化，这样企业才能在时代的浪潮中站稳脚跟，不断发展。

　　本书共六章。第一章为大数据技术概述，第二章为企业财务风险控制，第三章为企业财务风险管理与内控，第四章为不同类型企业财务风险管理，第五章为大数据时代下的企业财务风险管理的理论，第六章为大数据时代下的企业财务风险管理的创新。本书内容丰富，笔者在写作过程中参考了大量资料，在此向涉及的学者表示感谢。笔者水平有限，本书难免存在疏漏之处，恳请读者朋友批评指正。

目　　录

第一章　大数据技术概述

第一节　大数据技术初探

随着科技发展和时代进步，大数据技术应运而生，并不断地改变着人们的生活方式。如今，大数据技术已经渗透到社会生活的各个方面。运用大数据技术不仅可以全面掌握某一领域或行业的数据，还能进行实时存储管理，以实现数据本身的分类展示，进而及时地获取更有价值和意义的数据。大数据技术主要是通过对数据的研究获取其独特的规律和特点来实现有意义的挖掘和分析，从而全面系统地获取数据的核心价值。我们要深入挖掘这些数据，分析数据的规律和特点，不断理解其中的价值和意义。本节将从大数据技术的特点、应用领域、发展趋势等几个方面对大数据技术进行分析探讨，希望能帮助人们理性认识大数据技术的利弊，充分利用大数据技术带给我们的机遇，真正发挥大数据技术的优势。

一、大数据技术的特点

（一）数据的真实完整

大数据的数据类型不仅仅是纯粹结构化数据、数值型数据，还包括医疗数据、物联网数据、电商数据和轨迹数据等。目前，随着研究的深入，其更多的是异构数据和不规则数据，数据维数高、数据量大、数据分散。数据分析之前需要做数据的预处理操作，对数据进行提纯和特征提取，此阶段数据处理速度较快，对静态和动态数据处理的速度和效率要求较高。只有真实完整的数据才能使后续的大数据分析、管理和预测等一系列活动有价值和意义。

（二）广泛使用的开源软件

随着互联网信息的共享，信息技术的快速发展，数据源越来越多，数据传播更快速。社会生活的各个方面都在应用大数据技术，而且每个行业都朝着大数据智能化应用、科技化方向发展。因此，很多开源软件被人们广泛使用。比如，Hadoop、MapReduce、HBase、MongoDB 数据库和 Flask 应用框架等各具特色功能的软件都在被广泛使用，有的也不断被优化与创新，不断提升其使用效率并扩大其应用范围。

（三）人工智能技术的价值最大化

大数据技术不断引进人工智能技术，其通过机器学习、深度学习、区块链、数据挖掘、模式识别等人工智能技术处理使用大数据，从巨大的数据资源中获取有价值的数据，并对这些数据进行分析处理，以实现数据更大的价值。尤其是在这个数据信息时代，人们每天都要接触数据甚至产生数据，因此更智能地获取数据、实时存储数据就显得更加重要。人们还要更有效地管理和处理数据，数据的可视化展示等也与人们有重大的关系。这样才能实现人工智能技术的价值最大化和高效率。

二、大数据技术的应用领域

大数据技术发展到现在，已被各行各业所广泛使用，从企业到政府，大数据技术都在产生巨大的价值。将广泛的数据汇集到一起，经过数据预处理、智能分析、数据挖掘、深度学习技术等环节分析出数据的潜在规律，从而分析并预测各行业未来的发展方向和趋势，有助于人们深入认识行业的数据特点、发展趋势，以及各领域的运行管理效率，从而取得更大的效益。

（一）智能商业

商业智能化是商业研究领域学者最感兴趣的研究内容，也是大数据技术应用最广泛的领域。商业数据量大，且数据源丰富，完全符合大数据的特点。比如，阿里巴巴集团的电商平台，通过对平台上的顾客进行用户画像分析，了解不同顾客的需求，可以对不同的顾客进行特定商品的推荐，激发顾客对商品的购买兴趣，这在一定程度上提升了顾客的购买欲望，增加了店铺的销售量。

（二）智慧医疗

医疗是人们生活中不可或缺的一部分，医疗行业信息量巨大，数据种类繁多，随着大数据技术在医疗行业的广泛使用和不断扩展，相信大数据技术能在医疗行业产生巨大的价值和意义。

例如，在糖尿病研究方面，我们可以统计糖尿病患者的数据，通过大数据技术挖掘出其中的特征，分析糖尿病患者的特点。这一方面可以提醒人们要从哪些方面加强预防；另一方面可以预测具有哪些特征的人更容易患上该疾病。大数据技术的发展也提升了医疗设备的使用效率，使人们对疾病的认识更深刻，从而能在未来给人们的生活创造更大的便利。

（三）智慧城市

智慧城市的理念随着大数据技术的产生而得以发展和完善。人们可以利用大数据技术，实时获取监控系统的视频数据、人们的出行轨迹数据等，也可以对城市交通出行的数据实时获取、快速处理并可视化展示。将整个城市的行为数据融为一体，可以快速掌握当前城市的状态。大数据技术在处理城市突发状况，合理管理和规划城市发展方面发挥着极大的作用。

三、大数据技术的发展趋势

（一）人工智能技术的提升

大数据分析的目的是合理利用并挖掘出大数据中的信息，是从大数据中获取更深层次的含义与价值，而不是对数据做简单统计分析。要达到这一目标，就需要我们提高计算机的智能计算能力。如今的机器学习和深度学习是大数据技术中分析数据强有力的工具，能在大数据中挖掘到数据深层次的含义。近年来，由于计算机硬件性能的快速提升，以及以云计算、大数据为代表的计算技术的快速发展，信息处理的速度和质量大为提高，人们能够快速、并行地处理海量数据。

（二）基于大数据技术的多学科融合

在大数据时代的社会进程中，许多行业和学科的研究内容虽然从表面上看没有关联，但是从大数据深层研究的视角来分析，其实是有所联系的。未来大数据技术将与区块链技术、物联网技术、云计算技术等热点技术领域相互交叉、相互融合来进行学习研究，肯定会产生更多融合不同行业、不同领域的数据的综合性应用。

（三）大数据资源的安全管理

大数据技术及其相关重要资源涉及范围广、覆盖面大，且针对的对象可能涉及行业的机密和国家主权等问题，因此如何保护大数据资源的安全，以及如何保护用户的隐私就成为一个社会民众关注的问题。但大数据技术应用所产生的隐私问题涉及的安全保护条例以及管理办法还没有得到实质性的进展和突破。因此，未来大数据技术的安全和隐私问题依然是学术界的研究热点。

（四）大数据技术人才的培养

大数据技术发展迅速，互联网行业应用需求也在快速增长，但目前大数据技术市场上的高精尖人才严重短缺。因此，有关单位应积极推进科学文化建设，推动学科的交叉式学习，对大数据分析技术人才进行全面培养，以使大数据学科体系建设和人才培养能与市场的需求同步前进，同时推动大数据技术迅速发展，推动行业实现更快发展。

如今人们已经习惯了将自己的生活通过网络进行记录和分享，智慧农业、智慧教育、智慧医疗、智慧环保、智慧城市的建设，也已经将当今社会融入大数据时代。大数据技术仍然在发展，并在潜移默化中改变着人们的生活节奏和整个社会的发展方向。我们要合理使用大数据技术平台，造福人类。

第二节　大数据与技术治理

数据当然是发现世界的一种方式，但不是唯一的方式。很多时候，不能在大数据中呈现的世界一样真实。如果我们把数据世界误认为唯一真实的世界，就会导致社会风险，如权力过度集中、数据专家滥用权力、信息安全和隐私问题、精英主义弊端以及文化的单极化。

近几十年来，计算机、网络和信息社会等相关领域的哲学与社会学问题研究风向标变化得很快，如最近十年，先流行的是物联网，没几年开始流行大数据，2017 年阿尔法狗火了，又有人说人工智能（AI）元年来了。但若仔细审视，过去十年信息社会发展真正的重要突破，还是在数据方面，也就是说海量数据的涌现，深刻地影响了我们的生活。比如，最近两年许多人已经养成了看手机上天气预报的习惯，决定是否出门、穿什么衣服，大数据技术已经影响到了个人的生活。而如果大数据技术影响了一群人的生活，这就涉及公共事务领域，属于大数据技术治理的问题了。最近大家抱怨的"996"、刘强东的"兄弟论"、热帖"你不是世界首富贝佐斯的兄弟"，就属于这方面的例子。

大数据技术已经广泛应用于出租车行业、企业人事管理、学校学生管理和政治竞选等，大数据技术治理的确就在我们身边。这就引出一个问题：如何看待大数据技术治理？

一、大数据技术治理在当代的正面意义

笔者对大数据技术治理的讨论，是在一套理论框架下进行的，就是笔者所谓的技术治理理论。根据这一理论，我们首先看到的是大数据技术治理的正面价值。"数据人"的崛起实际上是更大背景即"科学人"崛起的一个表征。这从根本上意味着"作为治理对象的人"的浮现，这是技术治理的基础。我们在这里稍微谈一点理论问题。

所谓技术治理，其主旨就是将现代科技的成果用于社会公共事务当中，以提高整个社会的运行效率。显然，无论是发达国家，还是发展中国家，技术治理已然成为社会运行领域以至全球范围内的普遍现象，我们称之为"当代政治的技术治理趋势"。在大数据技术和智能革命的背景下，这种趋势更是急速推进，日益突出，甚至可以称之为当代社会的根本性特征之一。换言之，在某种意义上，我们甚至可以说，当代社会是技术治理社会。在过去几年中，笔者一直尝试构建一套审度技术治理理论，以对技术治理现象予以某种框架性的诠释，以此为基础探讨将其引导到有益方向上的可能性。在其中，大数据技术治理是一个很小的问题。

在我们的理论中，技术治理不是只有一种模式，而是可以根据不同国情进行选择的。但是，不管哪一种技术治理制度安排，都应坚持两个基本原则：其一，科学管理，即以科学原理和技术方法来治理社会；其二，专家政治，即由受过系统自然科学教育的专家掌握政治权力。统计与大数据学院如果参与到公共治理活动之中，也属于我们讨论的专家的范围。因为当代社会科学主流是自然科学化的，所以才被称为科学。经济学家、管理学家、职业经理人、银行经济学家、统计学家、心理学家、精神治疗师、经济分析师乃至实证社会学家等，也是接受过系统的自然科学基础教育的。有人甚至认为，他们可以被称为社会工程师，他们掌握的知识可以被称为社会技术。进入 21 世纪之后，社会工程师的权利正在超过科学工程师。

根据以往的思想史和技术治理的实践经验，笔者归纳了技术治理最主要的七大战略。在每一种战略中，大数据技术都大有可为。①社会测量：对社会所有的物质和精神财富进行调查、统计和计算。这是技术治理的例行工作，是治理战略的基础。显然，大数据技术提供了全面社会测量的可能性。收集社会数据的想法可以追溯到很久以前，如威廉·配第的《政治算术》。从某种意义上说，正是这种想法才推动了社会统计学的产生。②计划体系：运用计划手段，既包括国家计划、社会计划，也包括企业计划，在相对较大的范围内尽可能地对生产和分配活动进行统一的配置和安排。在其中，大数据技术扮演着重要角色。刘强东说可以实现数据共产主义。这个问题很复杂：第一，我们不认为计划与市场是对立的；第二，计划体系也不等于计划经济；第三，我们反对总体化的计划乌托邦；第四，我们认为计划是程度问题，与市场可以互补。③智库体系：制度性地将政治权力的一部分通过智库方式交由专家掌管，实施在一定程度上、在一定范围内的专家政治。智库制度本质上是一种权力分配的安排，把部分政治权力尤其是建议权交给专家。当代专家的建议越来越多地基于大数据技术提供的支撑。④科学行政：政府运行的科学化。⑤科学管理：企业、非政府组织等的理性化。⑥科学城市：科学地建设、运行和维护城市的各个方面。⑦综合性大工程：这种工程不仅涉及自然改造，还涉及人口、社会、文化和环境等诸多社会因素，既是自然工程，也是社会工程。

大数据技术在这些战略中大有可为，可以给技术治理以强大的技术支撑。反过来说，这些技术治理战略的实施也推动了大数据技术的快速发展。有人说，中国大数据技术发展最大的推动力就来自政府和公共事业的需求。

以智慧城市为例。水、电、气供应实现智能化，居民可以在手机上直接购买，一些故障、短缺的信息能得到即时反馈；在智能交通方面，有大量的监控探头、测速装置；智能城市，安全监控设备、智能110等，每时每刻都在产生大量的数据，为城市运行决策提供非常有力的技术支撑，极大地提高了城市运行效率。

安保监控也是大数据技术治理发挥重要作用的突出例子。在重点场所，如机场、车站、监狱，针对重点人群，如罪犯、精神病人的电子监控，非常有必要，这保证了公共安全。中国治安环境大大改善，大数据技术治理功不可没。

二、大数据技术治理可能的风险

关于大数据有一种说法：不再是随机样本，而是全体数据。世界上没有什么所谓的全数据，其实就是一个无穷大的集合。大数据相对于之前的数据来说，的确在数量级上发生了改变，但是它不是全数据。从根本上说，绝对无穷大的分母，无论分子数量级增加多少，仍然约等于零。因此，大数据所谓的"大"是实用意义上的"大"，是针对某个目的而言足够大了。如智能交通调控，如果能掌握八成以上机动车辆的运行轨迹，就可以尝试以此为基础进行调控了。所以，这个大数据的意思是进行某个城市交通调控的数据足够了。

既然以实用目的来判断数据是不是够大，那么就意味着所谓大数据并不是客观的，而是存在价值预设的。从这个意义上说，大数据没有讨论因果关系，而是发现关系，而关系的发现是在一定价值观指导之下的。例如，有人通过大数据提出这样的观点：空气污染与很多不良现象有关，其中包括判断力减退、心理健康问题、学习成绩不佳以及犯罪率上升等。这样的大数据研究没有提出新的治理结论，它只是为控制空气污染提出了一个新的理由，显然是在反感空气污染指导之下的发现。这既说明了大数据的目的或价值属性，也说明了不是所有数据都有意义。我们并不需要全数据，并不是大数据越多越好。从理论上说，这叫数据超载。简言之，大数据的终极目标不是真理，而是行动。

在现代治理活动中，可计算原理和文牍中心是基础。可计算要求信息的数字化，文牍中心要让治理活动围绕各种文件来展开。人们治理的是纸上的、数字中的社会，实行数字管理，这与日常生活距离较大。这就出现了现代治理当中的意会知识和非正式知识的问题，这是技术治理中的一个很大的问题。这就容易出现数据崇拜现象，如根据天气预报穿衣服，而不是在阳台上看一看别人穿什么，或者到室外感受一下。在大数据时代，数据崇拜转变成大数据崇拜，最新技术应用增加了崇拜的程度，统计学和统计数字成了权威的来源。过度的数据崇拜是有问题的。

波兹曼批评了统计数字崇拜现象。他认为，运用统计数字进行论证的风险有三个。一是抽象概念客观化，把某个被发明出来的抽象概念转变成某个客观的可测量的事物，如民意测验统计调查中假定有个"舆论"或"民意"的客观事物，可以从民众身上抽取出来，但其实并没有一个实实在在的"民意"。二是排序，把每个人按照某种标准安放在某个序列之中，如从极不喜欢到极其喜欢分为 0 到 10 的不同级别，5 是中间值，这叫排序。不过有可能，被要求打分的人完全搞不清楚在讨论的是什么。三是忽略未经或不可数字化的问题，让客观化的事物数字化，有些不能数字化的事物就忽略不计。比如，所谓的智商测量能测人们的数字能力、图形能力、逻辑推理能力等，这些能力可以量化，而想象力、联想能力、直觉这些能力是不能量化的，那就不能计入智商了。

对于统计学、数据和概率的哲学反思，并不是否认大数据技术治理的巨大价值。大数据不是什么全数据之下的必然性，它的作用是有限的，我们必须要知道使用大数据技术是有边界的，否则可能会误入歧途。而将大数据技术运用于社会运行的策略当中，本质上是政治问题，而不是纯粹的技术问题。因为大数据技术并不能提供一个绝对真理的基础，可以把我们的行动从真理中推导出来。所以，关于大数据技术与计划经济的讨论，本质上是社会制度安排的问题，而不是纯粹的技术问题。进一步而言，即便我们知道了真理，也推导不出我们应该如何行动，这就是休谟著名的"是与应当"的二分问题。吸烟有害身体健康，但推导不出人不能吸烟，有人可能觉得吸烟比健康更重要。在笔者的理论中，这称之为治理转译问题。

总之，数据当然是发现世界的一种方式，但不是唯一的方式，不是说只有数据世界才是真实世界，不可量化的世界就不存在。很多时候，不能在大数据中呈现的世界一样真实。如果我们把数据世界误认为唯一真实的世界，就会导致一些社会风险，如权力过度集中、数据专家滥用权力、信息安全和隐私问题、精英主义弊端以及文化的单极化等。

三、大数据技术治理可行的风险防范思路

大数据技术治理风险防范，可以从各个方面想办法，以防患于未然。笔者认为，结合国情，更可能落地的思路至少有两种。

一是制度主义的思路。技术治理最大的政治风险在于：专家权力过大，威胁民主和自由，在极端情况下可能导致许多人所担心的机器乌托邦，即把整个社会变成大机器，而每个社会成员变成其中可以随时替换的小零件。机器乌托邦的典型意象，是好莱坞电影《黑客帝国》和《终结者》中的世界。所以，我们必须从制度上框定和限制大数据专家的权力，如将其权力限制于政治上的建议权和实施权。社会权力除了政治权力，还有其他的如经济权力、学术权力、宗教权力等，专家只是掌握政治权力的一部分，就可以使其受到平衡和约束。这属于我们所谓的技术治理的再治理问题。技术治理的再治理除了限制数据专家的权力之外，还要有制度上的纠错机制。总之，我们要在制度上进行精密的设计，要警惕专家滥用权力。

二是数据专家教育的思路。纯粹的伦理讨论不会有什么实质性的约束力，伦理考量要与制度设计紧密结合起来。实际上，制度正是伦理、风俗、文化乃至民族性在历史情境中的结晶。也就是说，制度设计不能脱离具体的国情。在大数据技术治理方面，数据专家是更能在技术当中贯彻我们的价值理念的。我们不能等到大数据技术治理出了事，再来追责，而是要把伦理考量、风险防范提前到数据专家的技术设计之初。这就是新兴起的所谓设计哲学、负责任创新和道德物化等理论的主旨。譬如，许多轿车在驾驶员系好安全带之前不会启动，或者发出噪音。驾驶员做出"车该开多快"的道德决定取决于途中的减速带。减速带设置的目的是，"在达到我之前，请减速"。拉图尔认为，此类轿车和减速带包含了道德，设计者赋予它们使驾驶员系安全带和不能开太快的责任。道德决定通常不是仅仅由人来做出的，而是由人与其所使用的技术互相影响来形成的。这是拉图尔列举的著名例子。也就是说，数据专家在设计之初是可以把道德考量用技术形式加以体现的。显然，这种思路要求数据专家不仅要懂技

术，还要懂伦理和人文。这就需要对数据专家进行伦理教育。当然，我们也可以在设计阶段引入人文学者、伦理学者，但这毕竟不如将价值考量能力、风险防范意识直接灌输给数据专家。

第三节　大数据技术的诠释学

诠释学就是要通过理解和解释，呈现出文本的意义，使人们掌握文本的精神，最终达到应用的目的。在大数据技术的诠释中，海量数据是作为待诠释的数据文本的形式存在的。数据文本自身不具有内在的结构，是一种非结构化的存在。只有在大数据技术诠释中，数据文本给定的事实与外在于数据文本的事实之间才建立起一种结构性的关系，这就是数据文本的非结构化的结构性特征。在大数据技术诠释中，数据只是给定的事实，数据文本本身不具有意义。只有在大数据技术诠释中，经过描述型分析、诊断型分析、预测型分析和指令型分析这样一个完整的诠释路径，海量数据才能被理解，数据文本的意义才能得到实现，大数据技术应用才能成为可能。大数据技术诠释对数据文本的诠释是关系性的，也就是说，在大数据技术诠释中，我们对大数据文本所做的是关系诠释。在大数据技术诠释从描述型分析到诊断型分析再到预测型分析最后到指令型分析的每一次过渡中，关系都被显现和确立了起来。

大数据技术的"是之所是"，即大数据技术的本体是关系，但是作为大数据技术"是之所是"的关系隐匿在海量数据之中，只有将海量数据作为大数据文本，并对其进行诠释，大数据技术的本体，即关系，才会显现。

一、诠释学的基本内涵

要对大数据技术进行诠释学的分析，首先要明确"诠释学"这一基本概念。从词源学上看，诠释学（hermeneutics）一词的动词形式为 hermeneuein，其古希腊文意为陈述思想，含有宣告、口译、阐明和解释的意思。"hermeneuein"一词的词根为赫尔墨斯（Hermes），而赫尔墨斯是负责向人间宣告、传达、阐明、转译和解释众神的信息和意志的信使。因此，诠释就是宣告、传达、阐明、转译和解释的意思。诠释学，按照伽达默尔的观点，就是宣告、传达、阐明、转译和解释的技术。从语言学的视角看，诠释学源于柏拉图，他在《伊庇诺米篇》中把诠释学与占卜术归属为同一类，将其作为一种解释众神旨意的技术。亚里士多德在其《解释篇》中沿用了"诠释学"一词，但其理解和使用与柏拉图显然不同。他对诠释学的理解和使用均是语言学意义上的。在后希腊时期，"诠释学"一词有"有学识的解释"的含义，但这种"有学识的解释"是与圣经注释联系在一起的。现代意义上的诠释学概念是由笛卡尔首先提出来的。1654年，丹恩豪尔出版了《圣经诠释学或圣经文献解释方法》一书。此后，人们才区分了神学诠释学和法学诠释学。

我们所说的大数据技术的诠释学分析中的诠释学不是神学诠释学，也不是法学诠释学，而是哲学诠释学。哲学诠释学奠基于海德格尔构建的存在本体论的诠释学，其核心要义是将理解奠基于人类存在的本体特征之上。伽达默尔对海德格尔奠基于存在本体论的哲学诠释学进行了发展和完善，并由此建立起了一整套关于理解和解释的理论体系。伽达默尔的哲学诠释学的本质是人们对文本的理解和解释，是在"偏见"客观存在情况下的"视域融合"过程。他认为理解不仅要在视域融合中发生和进行，由于任何思想观念的表达都离不开语言，因此，理解还跟语言密切联系在一起。

无论是神学诠释学、法学诠释学，还是哲学诠释学，都需要通过对文本的理解和解释，理解文字的意义，解释文字的精神，以获得实际的应用。理解文本、解释精神、获得意义、得到应用，这是诠释学的基本要素。对于大数据技术的诠释学分析就是在诠释学的这些基本要素中展开的。

二、作为诠释文本的数据

现代哲学诠释学的三个基本要素是文本、作者和阅读者。浪漫主义诠释学派的阿斯特将文字、意义和精神看作诠释的三个要素。他同时认为诠释的这三个要素是统一于被诠释、被理解的文本之中的。由此可见，文本才是我们诠释和理解的核心要素，是诠释和理解面对的当然对象。那么，在大数据技术中，数据是如何作为被诠释、被理解的文本而存在的呢？

数据是大数据技术"是之所是"的基本资料，作为大数据技术"是之所是"基本资料的数据在哲学诠释学的视域下是作为文本而存在的。

在传统的数据分析过程中，数据作为样本而存在。如在人口新常态背景下，人们要对农村家政女工的生存和发展状况展开分析和研究，通常的做法是选择几个典型性区域作为代表，以此为样本并在此基础上对调查数据展开样本分析和研究。在诠释学语境中，作为典型性代表的数据样本就是作为诠释的文本而存在的，对于作为样本的数据的分析过程实际上就是对于数据文本的诠释过程。

但是我们可以看到，在传统的作为样本的数据文本中，数据文本作为单一的要素而存在。如对于人口新常态背景下农村家政女工的生存和发展状况数据样本，其仅仅作为样本解释着和呈现出人口新常态背景下农村家政女工的生存和发展状况。除此之外，由于要素的单一性不可能生成一种构成的结构性，数据样本也就别无他用。另外，在这个传统的数据分析案例中，数据样本仅需说明并且也只能够用来分析和研究人口新常态背景下农村家政女工的生存和发展状况。也就是说，作为样本的数据文本的诠释其意义是确定的，目标是单一的。由此可见，在传统的数据分析中，作为样本的数据文本在要素、结构和功能上都是单一的、确定的，从总体上来看只是一种一一对应的关系。因此，在这种具有目标确定性且要素、结构和功能处于一种一一对应的关系的数据文本中，数据与其说是作为文本被诠释而获得理解和意义的，不如说，在其中，数据样本是作为论据去对观点进行论证、解释和说明的。这样，本身作为需待诠释的对象文本却成了解释他者的手段或工具，数据的文本意义也就在解释他者中丧失了其作为诠释文本的本来含义。

只有进入大数据时代，大数据的文本含义才可能真实地显露出来。在大数据技术的广泛应用中，海量数据，即大数据，是作为真实文本的诠释文本而存在的。

舍恩伯格和库克耶认为，在大数据时代，我们需要的不是随机的样本——我们需要的是所有的数据。"样本"="总体"，这就是大数据时代诠释文本的存在样态。有人或许要问，为什么作为总体的数据就是有待被诠释的文本？在舍恩伯格和库克耶的《大数据时代》中记载了日本先进工业技术研究所的"坐姿研究与汽车防盗系统"这样一个案例。在这个案例中，把人坐着的时候的身形、姿势和重量分布量化和数据化，形成的海量数据作为有待被诠释的文本而存在。我们知道，人坐着的时候的身形、姿势和重量分布量化和数据化后生成的海量数据，从表面上看来，就是一堆似乎混杂的无意义的数据。只有将这些数据作为文本，对其可能存在的与事实的关系建立起某种联系，我们才有可能理解它，并且使它的意义得到呈现。事实上也正是如此，通过对这一海量数据文本的诠释，我们可以解读出一个人的坐姿和身份识别、安全驾驶、汽车防盗、盗车案侦破之间的关系，从中呈现出海量数据的文本意义。

那么，作为诠释文本的数据又是以一种什么样的方式存在的呢？

《大数据时代》的作者认为，在大数据时代，我们不是必须知道现象背后的原因，而是要让数据自己"发声"。这无非就是说，进入大数据时代，人们关注的焦点不再是现象背后的因果性，人们注重的恰恰是事实间的关系。为什么我们不关注因果性转而重视数据给定的事实间的关系？有学者认为，一个重要的原因就是海量数据的非结构化特征导致我们很难（也没有太大的必要）去探究数据给定的事实背后的因果关系。因此，我们只要弄清楚数据给定的事实间的关系，这就足够了。

与经典的具有物理实在的技术不同，在大数据技术中，大数据的结构可以说正是以其非结构性的特点表现出来的。在经典的具有物理实在的技术中，技术人工物作为一个具有整体性的系统通常总是包含要素、结构和功能这三个组成部分，并且技术人工物的构成要素只要按照一定的结构构成之后，其必然呈现出一定的功能。虽然要素、结构、功能之间并非总是一一对应的线性关系，但不可否认的是，这种经典的具有物理实在性特征的技术人工物总是结构性的技术实在。但是在大数据技术中，大数据作为诠释文本的结构却呈现出非结构性的特征。我们首先要承认的是，从逻辑上看，大数据是诠释文本具有的内在的结构，正是因其内在的结构，使我们对大数据的文本诠释成为可能。比如，在日本先进工业技术研究所的"坐姿研究与汽车防盗系统"这一案例中，人坐着的时候的身形、姿势和重量分布量化和数据化之后形成的海量数据，其内含的结构就是人坐着的时候的身形、姿势和重量分布之间的关系——不同的身形、差异化的坐姿，其重量分布也就迥然不同。由此，我们才能得到量化和数据化后千差万别的海量数据。但是，大数据作为诠释文本的这样一种结构又具有非结构性特征，笔者认为，这种结构化的诠释文本数据的非结构性特征的表现是，我们可以对其进行不同领域、不同用途的功能性、意义性诠释——既可以将这些数据文本与人的身份识别相关联，又可以将这些海量数据与安全驾驶相关联，还可以将这些数据文本与汽车防盗相关联。这样，海量的总体数据作为诠释文本，其特定的数据结构却对应着不同的意义或功能。换句话说，海量的数据诠释文本与意义或功能之间并非是一一对应的线性关系。这就是作为诠释文本的大数据非结构化的结构性特征。

三、对数据文本的技术诠释

大数据作为文本与一般的文字文本不同：文字文本的意义在字里行间之中，而大数据文本的意义隐藏在数据给定的事实及其关系之中；文字文本容量较小，大数据文本的容量巨大；文字文本有着很强的文本结构，大数据文本则具有非结构化的结构性特征。大数据文本与文字文本的这种差异性特征使我们对其诠释也就必然会采用不同的工具、手段、方式和方法。通常，对于文字文本，我们可以进行个人的语词诠释，也可以运用计算机软件进行文本诠释分析。但是对于大数据文本，我们却只能运用计算机软件开展专门的诠释分析，以彰显大数据文本的意义，实现对于大数据文本的理解和应用。我们将把传统的统计数据分析与大数据诠释进行一番比较，并在这种比较分析中，弄清楚大数据作为诠释文本是如何被大数据技术所诠释其意义的。

我们先来考察一下传统的统计数据分析是如何进行的。

传统统计数据的获得总是针对特定的目的或目标而进行的。如前文所述，我们要对人口新常态背景下农村家政女工的生存和发展状况进行分析和研究。为了获得数据作为论据以支撑我们的论证，我们只需要选取几个具有典型性代表的区域开展问卷调查，就可以获得样本数据。如选取北京、广州、武汉、西安等几个城市的农村家政女工为样本，通过对这几个地区的农村家政女工的生存和发展状况进行分析和研究，将分析结果和研究结论一般性地拓展和延伸，就可以推及我国在人口新常态背景下全国农村家政女工生存和发展的普遍状况。如果需要知道年龄与农村家政女工的生存和发展状况之间存在什么样的关系，或者需要知道婚育状况与农村家政女工的生存和发展状况之间存在什么样的关系，再或者需要知道受教育水平与农村家政女工的生存和发展状况之间存在什么样的关系，我们就对她们的相应指标进行调查，然后对统计数据进行相应的分析。

传统统计数据的分析方法种类繁多但也相对简单，如描述性统计、回归分析、方差分析和假设检验等方法。其中，描述性统计是一类统计方法的汇总，揭示了数据分布的特性。回归分析是应用极其广泛的数据分析方法之一，它基于观测数据建立变量间适当的依赖关系，以分析数据的内在规律。方差分析也是传统统计数据常用的重要分析工具，主要应用于相互独立的随机样本、各样本来自正态分布总体和各总体方差相等的情况。假设检验也是一种重要的统计数据分析方法。运用上述统计数据分析方法，可对目标函项进行分析、解释和说明。因此，传统统计数据分析不是彰显意义，而是理解、解释和说明意义。

对于大数据文本的诠释则与传统统计数据的分析从根本上不同。大数据文本是作为总体的海量数据，其获得一般是通过智能终端设备的数据采集来完成的。智能终端设备既不是在特定的时间范围内也不是在特定的空间场所对特定的人群进行数据采集，它是在全时空境遇中对所有正在智能终端设备上进行同一模式操作的客户端上的数据进行采集，或者是在全时空境遇中对在智能终端设备上进行操作的客户端上的所有数据进行采集，或者是在全时空境遇中对所有的智能终端设备开展数据收集。通过这样的方式从智能终端设备上获得的数据容量巨大，用传统的硬件工具无法存储，用传统的软件工具也无法处理。从智能终端设备上获得的海量数据具有多样性和多变化性的特点，因此数据总体呈现出混杂性的基本特征。就海量数据本身而言，由于其价值密度低，数据之间很难建立起结构性联系，因此大数据才会被人称为非结构化的数据。非结构化的海量数据就其自身而言只是给定的事实及其关系，给定的事实及其关系要获得理解和意义，只有作为文本得到诠释才能实现。

对大数据文本进行诠释，实际上就是开展数据挖掘活动以获得大数据方面的知识发现，从而呈现大数据文本的意义、理解和精神。在数据挖掘分析领域中，最常用的数据分析方法有描述型分析、诊断型分析、预测型分析和指令型分析四种。通过对大数据的分析，大数据文本诠释完成一个完整的诠释逻辑路径，大数据文本得到理解，意义得到呈现，大数据也得到现实有效的运用。

描述型分析是大数据诠释中最常见的分析方法，它通常告诉我们的是数据给定的事实。比如，在金融业务中，这种数据诠释方法向数据分析师提供了重要指标和业务的衡量方法，如每月的营业收入和损失账单。数据分析师可以通过这些账单，获取大量的客户数据，如通过对海量数据文本的挖掘与诠释以了解客户的地理信息。

描述型数据分析告诉我们数据给定的事实，接下来我们就要问：为什么会发生？这就是诊断型数据分析这样一种大数据文本诠释将要做的事情，是大数据文本的价值诠释。通过评估描述型数据，诊断分析工具能够让数据分析师深入地分析数据，钻取到数据的核心，呈现出大数据文本的数据价值。例如，设计良好的商业智能仪表盘就能够在对数据进行描述性分析后对大数据文本进行有效整合，具有按照时间序列进行数据读入、特征过滤和钻取数据等功能，以便更好地分析数据。

当大数据文本诠释钻取到数据的核心后，预测型分析将通过对海量数据的复杂程度的分析显现大数据文本诠释的现实意义，这就是进行趋势预测。预测型分析主要用于预测，以告诉我们可能发生什么。估算事件未来发生的可能性、预测一个可量化的值，或者是预估事件发生的时间节点或空间场所，这些都可以通过预测模型来完成。预测模型通常会使用各种可变数据来实现预测。数据成员的多样化与预测结果密切相关。在充满不确定性的环境下，预测模型能够帮助人们做出更好的决定。预测模型也是很多领域正在使用的重要方法。预测型分析的典型案例就是谷歌流感趋势（GFT）预测分析。

接下来，大数据文本诠释的指令型分析所要做的就是告诉我们之后需要做什么。指令模型基于以上的分析，来帮助人们决定应该采取什么措施。在通常情况下，指令型分析不是单独使用的方法，而是前面的所有方法都完成之后，最后需要完成的分析方法。例如，交通出行路线规划分析考察了每条路线的距离、每条路线的行驶速度以及目前的交通管制等方面因素，来帮助人们选择最好的回家路线。

沿着"描述型分析—诊断型分析—预测型分析—指令型分析"这样一条完整的大数据文本诠释路径，大数据文本就在诠释中达成理解和获得意义，并在工业、商业、教育、管理、政务等各个方面得到广泛而又现实的运用。

四、对数据文本的关系诠释

大数据作为文本需要我们对其进行诠释以达成理解和获得意义，那么在大数据文本的诠释中，我们诠释的究竟是什么？数据本身是作为大数据技术的资料而存在的，对于大数据技术的数据文本进行诠释，不是为了获得或理解数据，而是为了理解数据给定的事实及其相互之间的关系。因此，大数据技术的数据文本诠释真正诠释的是数据给定的事实及其相互之间的关系。

从大数据技术的"是之所是"来看，关系作为大数据技术的本体，必然会在大数据技术的数据文本诠释中被展露出来。

大数据由于其总体性、多样性、多变化性和价值密度低等特征，就其自身而言，从整体上看并不存在着一种稳定的结构。就数据本身而言，其内部是一种非结构化的关系，即数据与数据之间并不存在着某种线性关系。例如，有两个不同的用户在谷歌搜索引擎上的网页浏览所留下的历史足迹形成的两组数据。就这两组不同的数据而言，它们并不存在某种特定的关系，两组数据记录的仅仅是两个不同的用户在不同的时空场内搜索了相同或不同的内容，浏览了相同的或不同的网页。这就是数据本身呈现的内容，即数据给定的事实。如果有海量用户通过谷歌搜索引擎以某一关键词进行搜索，并由此留下浏览足迹而形成海量数据，那么这些海量数据就其自身而言也不过就是记录了海量用户在谷歌搜索引擎上的搜索记录而已，即给出海量用户在谷歌搜索引擎上以某一关键词进行搜索这一事实。这些海量数据相互之间并没有形成某种稳定的内在结构，并且由于数据容量的高速扩展，数据的多样性与多变化性不断地消融着海量数据，数据的价值密度在这种数据消融中不断降低，从而使海量数据仅仅与每一条数据自身给定的事实相联系。

一旦海量数据进入大数据技术的运用环节，即大数据技术诠释展开之后，非结构化的海量数据就会朝着结构化的方向汇聚。当数据挖掘的知识被发现得到实质性的进展之后，海量数据给定的事实间的相互关系也就展露出来了。因此，大数据技术诠释就其实质而言诠释的就是海量数据给定的事实间的关系。那么，海量数据给定的事实之间的关系是如何被大数据技术诠释呈现出来的？

我们以谷歌流感趋势（GFT）预测为例来阐明海量数据给定的事实之间的关系究竟是如何在大数据技术的诠释中一步一步被呈现出来的。在一定的时期和一定的区域范围内，有大量的用户以"哪些是治疗咳嗽和发热的药物"为关键词运用谷歌搜索引擎进行网页搜索，留下的浏览足迹便形成了海量数据被智能终端设备收集和存储。随着在一定的时期和一定的区域范围内以"哪些是治疗咳嗽和发热的药物"为关键词在谷歌搜索引擎上展开网页搜索形成的数据的海量递增，我们就会对这些海量数据给定的事实形成这样一个疑问：究竟发生了什么？于是，大数据技术诠释的第一步——描述型分析就展开了。

在描述型分析中，大数据技术诠释只是发现了这样一类数据集（实际上是发现了数据给定的这样一组事实）：在某一时期和某一区域范围内有大量的用户通过谷歌搜索引擎以"哪些是治疗咳嗽和发热的药物"为关键词搜索和浏览了网页。数据集中的每一条数据本身并不重要，数据之间也不存在某种结构性关系，描述型分析仅仅是在大数据技术诠释中发现了海量数据给定的一组搜索事实。只有在将这一数据集给定的事实指向大数据文本之外或之后时，与海量数据给定的事实相关但却并不在数据文本自身之中的外在的其他事实之间的关系就被大数据技术诠释显现了出来。这一被大数据技术诠释显现的大数据文本之外的事实就是，用户患上了流感，于是想要了解哪些是可以治疗咳嗽和发热的药物，以便自己到药房去购买能够治疗流感的药物。于是，大数据技术诠释便由描述型分析进入诊断型分析，就是对海量数据给定的事实做出的第一次蕴含着意义的目标指向的理解和诠释。在大数据技术这个第一次的意义性的诠释中，关系被带入。也就是说，大数据技术诠释不可避免地要将海量数据给定的事实与这事实背后客观存在着的关系显现出来。海量数据给出的是一定时期和区域范围内大量用户通过谷歌搜索引擎以"哪些是治疗咳嗽和发热的药物"为关键词搜索和浏览了网页的事实。通过大数据技术诠释，诊断型分析显现出了用户患上了流感这一数据文本之外的事实。于是，用户通过谷歌搜索引擎以"哪些是治疗咳嗽和发热的药物"为关键词搜索和浏览了网页与用户患上了流感这两类事实之间的关系就建立起来了。我们可以将大数据技术诠释显现的关系用一个简单的公式表示如下。

作为诠释文本的大数据非结构化的结构性特征显示了大数据文本的不确定性和开放性。这种不确定性和开放性使我们对于数据文本的大数据技术诠释成为可能。

$F(y)$：表示"用户患了流感"。

$R(x, y)$：表示大数据技术诠释显现的意义性关系。

得出：① $R(x, y) = G(x) \propto F(y)$

需要指出的是，大数据技术诠释显现的关系是一个概率判断。如果以这个概率性关系为基础进一步开展大数据技术诠释，我们就将进入概率性预测，即大数据技术诠释的预测型分析。

诊断型分析，即 $R(x, y)$ 已经诠释了在一定时期和一定区域内大量用户通过谷歌搜索引擎以"哪些是治疗咳嗽和发热的药物"为关键词搜索和浏览了网页的事实，大数据技术诠释接下来就要问：可能会发生什么？

有道是"一花独放不是春，万紫千红春满园"，个别用户在谷歌搜索引擎上搜索"哪些是治疗咳嗽和发热的药物"或许并不会有意义性的诠释呈现，但是当某个时期在某一区域范围内有海量的用户都在谷歌搜索引擎上以"哪些是治疗咳嗽和发热的药物"为关键词进行搜索时就不禁会让人做出如下猜测：这一地区是不是流感爆发？大数据技术诠释的预测型分析就是基于诊断型分析对描述型分析中海量数据给出的事实做出这样一种概率性关系预测。如果用 $P(z)$ 表示基于诊断型分析对描述型分析中海量数据给出的事实的预测型分析，$R(x, y, z)$ 表示完成了描述型分析、诊断型分析和预测型分析的大数据技术诠释显现的关系。

得出：② $R(x, y, z) = R(x, y) \propto P(z)$，或者 $R(x, y, z) = [G(x) \propto F(y)] \propto P(z)$

②式表明，通过大数据技术诠释，人们在谷歌搜索引擎上搜索"哪些是治疗咳嗽和发热的药物"、人们患上了流感、某一地区流感爆发这三者之间具有一种诠释性的内在关系。

通过描述型分析、诊断型分析、预测型分析，大数据技术诠释终于达成了对于海量数据文本的理解，并明确了大数据文本的意义。对于海量数据文本的大数据技术诠释，就其目标而言当然是为了实现大数据技术的应用。因此，大数据技术诠释自然而然地来到了它的最后一步——指令型分析。

严格来说，指令型分析是基于数据文本诠释的决策分析，如在进行了大数据技术诠释之后获知某个地区流感爆发的概率，相关职能部门就可以采取增加医疗资源投入或实施隔离措施等举措。指令型分析的未来决策性质使大数据技术诠释获得了一种未来指向性。

第四节　大数据系统框架及技术发展趋势

　　大数据发展是随着计算机技术、互联网技术、通信技术的发展我们必须面对的一个普遍现象，是互联网发展到现阶段的一种表象或特征。大数据已渗透到人们生活的各个领域中，我们正生活在一个海量数据的时代。凭借着广泛的影响，大数据正在潜移默化地改变着我们的社会生活，在公共政策、信息科学和社会科学等领域均有着极其重要的应用价值。本节简要介绍了大数据系统框架、技术发展情况，并对其未来的发展趋势进行了分析。

　　大数据的出现可以使我们以史无前例的低成本去获取和利用数据。而随着数据成倍的增长，大数据对我们生活的影响也会更加深入。不可否认，我们正处于一个海量数据的时代。麦肯锡报告指出，在未来 10 年内消费者的数据价值将由原来的 1000 亿美元提升为 7000 亿美元。随着大数据发展的趋势越来越显著，政府、工业以及相关研究机构的很多研究人员均对大数据的研究表现出了强烈的兴趣。此外，为更好地应对大数据发展过程中的难题和挑战，政府相关部门专门为此制定了方案，《科学》等相关杂志也发表了一些论点。

一、大数据系统框架及技术发展

　　大数据到底有多大？大数据的"大"是相对于传统的编程语言、编程思想、数据结构处理能力的"大"而言的。相对于现在的数据增长来说，以前的技术和工具都是传统的。在新技术浪潮时期，现在的技术工具又会成为阻碍技术发展的最大问题。因此，大数据的"大"只是一个相对的"大"。在未来的发展过程中大数据将会遇到越来越多的问题。大数据不是一个新的问题，而是一个一直存在着的问题。

（一）大数据处理

　　利用强大的支持平台来判断大数据的潜在价值称为大数据处理。根据处理时间的长短，我们可以把大数据处理分为流处理和批处理两种方式。流处理的理论和科技已经被研究了近 10 年，凭借其自身携带的庞大的数据，流处理可以快速分析数据导出结果，甚至其处理时间已经达到了秒、毫秒的水平。先对数据进行存储再对数据进行分析是批处理中最常用的方式。MapReduce 已被广泛应用于生物信息学的网络挖掘中。其核心思想是，首先处理已经被分成小块的数据，然后按照其分布方式导出中间结果，最后导出最终结果。此外，由于该模型计算机资源接近数据源位置，因此可以很好地避免通信开销。

（二）数据存储

为了满足数据平台的数据分析和特征提取，数据存储必须满足以下两个条件：其一，存储的基础架构必须满足永久可靠性；其二，数据存储子系统必须能够查询和分析数据。获取大数据的主要方式有爬虫收集、政府数据、行业数据等。获取的方式就是程序员自身的积累再加上各个渠道内的收集。

（三）数据分析

作为价值链中最重要的阶段，数据分析旨在提取数据价值以便帮助人们做出决策。以下为三种常用的数据分析的方式。其一，数据可视化。通过图形有效的传递信息是数据可视化的根本目标。随着数据量的增长，传统的电子表格已不能满足大数据时代的要求。由于它可以辅助软件开发、算法设计等方面的研究工作，可视化大数据已成为一个越来越活跃的研究领域。其二，统计分析。在应用数学中，每件事物都存在随机性和不确定性，而统计分析就是对大数据集进行描述和推理的过程。其三，数据挖掘。目前，人工智能、机器学习等相关领域均已提出了各类数据挖掘算法。数据挖掘是大数据发现的过程，数据挖掘算法是数据挖掘的过程中的重要课题。对于信息技术工程师来说，每次新技术的发展所带来的海量数据不是机遇便是毁灭。因此，他们必须时刻保持着足够的热情和耐心才能在数据时代到来的时刻不被时代所淘汰，并能够引领时代的发展。

二、大数据技术发展的新趋势

在数据持续增长的今天，开放共享成为数据资源在数据大战中持续保持优势的关键。各类数据的共享使用不仅极大地方便了我们的日常生活，更为各种产业的发展提供了机遇。但由于政府和企业之间没有统一的规范标准，就很容易降低数据的开放程度，引起商业垄断的现象发生。而且现阶段的数据安全、数据质量方面存在较大的问题，能够熟练掌握大数据的专业人员也很少，大数据人才的匮乏直接影响了大数据未来的发展趋势。笔者认为，未来大数据的发展趋势主要体现在以下几个方面。

第一，数据资源化。随着大数据的发展，很多商业机构都对大数据表现出了相当浓厚的兴趣，大数据成为当代企业争夺的新焦点。《华尔街日报》中就曾指出大数据是像黄金、货币一样新的资产类别。谷歌、百度、腾讯等企业都通过利用大数据取得了事业上的成功，而金融电信等行业也在通过不断地利用大数据来提升自身的竞争力。我们可以相信大数据会在不久的将来成为个人资产，成为企业竞争的有力武器。数据资源也可以解决交通行业的出行问题，智能交通依靠大数据信息集成的优势和组合效率，跨越行政区域的限制，很好地配置公共交通信息资源，促进公共交通均衡发展，对交通堵塞和交通污染排放进行隐性控制。

第二，行业方案定制化。大数据技术开始和传统的商业进行智能化结合，在对企业的数据进行分析处理的基础上，将会引入更多的非数据化结构数据。企业可以利用这项功能实现完整的数据化平台，并给各个商家定制适合他们的数据服务。由于商业智能化技术更有利于企业找到新的商机，所以会有广泛的应用市场。我们相信大数据技术在未来将会更智能化地解决商业中所存在的问题，对传统金融行业产生巨大影响，大数据金融概念的提出及实施更能体现自身的实力和潜力。如京东商城等电子商务企业已经借助平台积淀的数据资产来进军金融领域，将信息流、物流和资金流深度融合，为平台上的用户提供订单白条等创新服务，弥补了传统供应链金融信息技术服务的缺失。这种定制化的商业解决方案会在金融行业中创造出更高的价值。大数据在教育领域也引发着重要变革，美国教育部门所创造的"学习分析系统"正是基于大数据所研发的。它以数据和模块联合的框架，向教育工作者提供关于学生学习方面更多、更好、更精确的信息。

第三，生活便利化。大数据技术已经开始逐渐改变我们的日常生活，并逐渐普及到了各个方面，促进了城市的发展。大数据技术从传统的、简单的数据分析处理到现在的智能化技术，无一不为人类提供了便利。智能技术还可用来对人们的身体情况进行检测，如智能手环的出现，让人们可以随时了解自身的健康状态。人们在外出时可以通过大数据技术进行人工智能导航，在家时可以使用智能家电等。在未来，大数据技术将会通过对数据的分析为人类提供更多智能化的帮助。

综上所述，随着近几年科学技术的迅猛发展，许多领域产生了海量数据，我们正生活在一个海量数据的时代。凭借其广泛的影响，大数据正在潜移默化地改变着我们的社会生活。在未来的发展过程中，大数据技术开始和传统的商业进行智能化的结合，在对企业的数据进行分析处理的基础上，将会引入更多的非数据化结构数据。另外，越来越多商业机构都对大数据表现出了相当浓厚的兴趣，大数据成为当代企业争夺的新焦点。

第五节　大数据技术的伦理问题反思

　　大数据技术的广泛应用在给人类社会带来极大便利的同时，其引发的伦理问题也日益成为学术界关注的焦点。目前的大数据技术是基于传统的数据库技术而发展起来的，在数据的收集、分析以及使用的过程中都涉及信息安全、个人隐私、应用公平等问题，这使大数据技术具有更多的伦理意义。本节分析了大数据技术主要涉及的三个方面的伦理问题，分别有：个人隐私信息的泄露、数字信息鸿沟的扩大化、数字伦理责任主体问题。本节进而分析了问题产生的原因，有主体利益的牵涉、技术乌托邦的消极影响等。本节在最后针对伦理问题提出了一些解决的对策。

　　随着科学技术的不断发展，大数据技术成为当前信息技术产业里的一项关键技术，也由此而引发了社会各个领域的变革。所谓的大数据技术，主要是通过传感器、网络交易、电子邮件、视频、点击流，以及当前和未来可获得的其他数字资源产生的海量、多样化、复杂化、纵向或分布式的数据集。其最为突出的特征就是数据集是通过各种数据源而不断被收集起来的，并在云计算模型下对海量的数据进行存储、快速计算及分析。大数据技术由于掌握了海量的数据信息，故而在处理高度复杂的事件，为人们提供更好的产品及服务，以及从众多解决方案中寻找最优解等方面，都具有极大的意义。但是，大数据技术也存在一些诸如侵犯公民个人隐私、信息安全的漏洞、数据信息的肆意买卖等伦理问题。为此，本节希望在梳理现有研究结果的基础之上，讨论大数据技术涉及的伦理问题，并提供一些解决思路。

一、大数据技术引发的伦理问题

（一）个人隐私信息的泄露

　　美国的《纽约时报》曾经报道了这样的一个案例。塔吉特公司有一个分析的项目，能够通过数据挖掘的方式来确定顾客是否怀孕，以此来达到销售该公司产品的目的。但是该公司却将关于购买与妊娠有关物品的优惠券推送给了一位少女，她的父亲知道后，对该公司提出强烈的抗议。塔吉特公司的做法立即成为众矢之的，因为公民个人的隐私受到了侵犯。这便是大数据时代下人们需要面临的最为突出的伦理问题——个人隐私信息的泄露。其中的个人隐私信息主要包含个人身份信息、个人行为信息以及个人偏好信息三个方面。大数据技术的发展是绕不开这一问题的。随着人们对互联网的依赖程度越来越大，个人网络使用数据也在不断增长，人们开始关心自己的数据是否会被监控、泄露，甚至买卖。

在如今的互联网时代里，特别是在大数据技术的广泛应用下，个人的隐私信息被泄露的情况是经常发生的。自从我国接入互联网之后，经过几十年的发展，目前我国已经拥有世界上最为庞大的上网人群。根据中国互联网络信息中心（CNNIC）发布的第 45 次《中国互联网络发展状况统计报告》显示，截至2020 年 3 月，我国网民规模达 9.04 亿，互联网普及率达到 64.5%；手机网民规模达 8.97 亿，占比提升至 99.3%。

人们在使用互联网时必须要登录设备，由此就会在设备上产生各种数据，而这些数据就会被某些公司收集和存储起来，就会形成巨大的数据流。凭借着这些数据流，一些公司就可以对用户的个人身份、行为偏好等进行分析，从而有针对性地向人们推送关于各种商品的信息，数据流的巨大商业价值就展现出来了。但是，我们不禁要问，这些数据资源的收集和利用是否已经告知了当事人？是否已经得到了当事人的许可？或者是否会对当事人进行补偿呢？如果答案是否定的，显然公民个人并不能控制自己的信息，这就造成了严重的侵权行为。由于大数据技术仍处在蓬勃发展之中，目前的行业规范伦理尚未完全形成，公民个人在网络上产生的信息数据几乎是被无偿使用的，并且公司与公司之间的数据共享的情况也很普遍，这种情况亟待改变。

（二）数字信息鸿沟的扩大化

数字信息鸿沟是大数据领域内的一种"贫富差距"的体现，是指在信息社会中，不同国家、地区、行业的人群由于对社会信息资源占有和使用程度的不同而造成的"信息落差"和"知识分隔"。这是一个涉及公平、公正的问题。在大数据时代里，每一个人原则上都可以由一连串的数字符号来表示。从某种程度上来说，数字化的存在就是人的存在。因此，数字信息对于人来说就成为一个非常重要的存在。每一个人都希望能够享受大数据技术所带来的福利，希望能够享受到信息通信技术的相关服务，以及信息的公正分配。如果只是某些国家、公司或者个人垄断大数据技术的相关福利，就会有损于社会的公平、公正，亦会受到人们的抵制。但是，现实的情况却是数字信息鸿沟正在不断扩大，信息技术让不同国家、不同地区、不同阶层的人们深深地感受到了不平等。笔者认为，在大数据技术一开始之时数字信息鸿沟就存在。因为数据的收集和使用囊括着众多的环节，诸如数据的收集、选取、存储以及分析等，这一切又都需要强大的技术和资金作为支持。这就注定了只有大公司和政府相关机构才有能力完成如此复杂的操作。国家之间的数字信息鸿沟也呈现扩大化的趋势，尤其是在发达国家和发展中国家之间。

2017 年末的互联网普及率显示，全球平均水平仅为 47%，加拿大的互联网普及率为 94.70%，印度为 28.30%，埃塞俄比亚为 4.40%，尼日尔为 2.40%。互联网普及率的不均衡所带来的直接结果就是信息资源接受的不均衡。在互联网普及率高的地方，人们能够充分利用资源来改善自己的生活境遇，满足自己的需求，而在互联网普及率低的地方，人们则缺乏更多改善自己生活境遇的方法。在某种程度上，这也是一个国家之所以能够富强的关键，特别是在大数据时代的今天。为此，如何跨越这些数字鸿沟，是当今我们必须面临的重要课题之一。在我国，这种情况也存在，东中西部地区、城乡之间等都可以明显看到。因此，我们必须要思考解决"数字信息鸿沟"这一伦理问题的方法，实现均衡而又充分的发展。

（三）数据伦理责任主体问题

大数据技术由于存储了海量的数据，如果一旦被一些别有用心的人利用，或者存储技术不够安全严密，就会有被非法利用的危险。互联网本身是受到严格管控的，但是由于数据的复杂性，人们在互联网里所表达的各项内容以及黑客技术等现象难以监管。这就导致了互联网中充斥着各种不良信息，网络诈骗以及语言暴力等现象不断发生，严重扰乱了互联网秩序，轻者危及个人的财产安全，重者危害国家的利益。因此，社会民众广泛要求加强对互联网的监控，特别是在大数据技术的存储以及使用问题方面。目前最为突出的问题是，由于数据的非法使用而引发的后果应该由哪些伦理责任主体来承担呢？这尚未有相关的法律法规以及行业规范来界定。

伦理责任主体的模糊性，为解决大数据相关的伦理问题增添了难度。不用对自己的行为负责，这就意味着人们在数据的收集、分析和使用等过程中都不必遵守相关的伦理规范。那么在何种情况下，伦理责任主体需要负责呢？例如，某人 X 为行动 A 负责，当且仅当，是 X 做的 A，或者说 X 导致了 A。这就是说结果 A 的出现有 X 在起作用，如果 X 没有起作用，那么 X 就不必为此负责。在数据的收集、整理和使用过程中若没有对产生数据的个体造成伤害，这时便不用 X 负责。若由此而导致了诈骗行为等，相关机构和个人必须对此负责，这恰恰又是目前的困难所在。数据收集涉及多个主体，诸如公司和政府，以及机构的主要负责人。在数据的收集和传播过程中又涉及新的机构,如何将责任界定下来,各个机构和个人该如何承担责任,这是最为艰深的课题。

二、大数据技术伦理问题的形成原因

第一,主体的利益牵涉。技术本身是没有价值牵涉其中的,是中性的。但是有主体的利益牵涉其中,这就使大数据技术的伦理问题更为凸显。在大数据时代的今天,每一个人都可以还原为一连串的数字符号。甚至在交往的过程当中,我们也是通过数据来加深对对方的理解。最为典型的例子就是,人们在社交平台上交友时,在找工作递交简历时,或者在招生录取时,每一个人都会形成由兴趣、爱好、身高、特长、分数等数字组合,而这些数据汇集起来就可以精确地识别出个人的身份和偏好。从一定程度上可以说,数字化的世界正在形成。在数字化的世界中,数字能够给不同的主体带来巨大的价值,这是大数据技术伦理问题形成的根本原因。正如唐凯麟所说:"在运用大数据的过程中,不同层次的组织与用户往往从自身的利益出发,以追求利益最大化为目标实施行动,这可能侵害到其他利益相关者的利益。"

企业的最终目的是追求利润,而海量的数据能够让企业了解到不同的人群需要什么样的产品。掌握了数据,既可以为企业节省大量的成本,又可以使企业精准地针对不同的群体研发新产品。因此,在利益的驱动下,企业采取各种手段,利用法律的漏洞,私自收集公民的个人信息,无视公民的隐私权,肆意买卖、共享公民的个人隐私信息等。这些都严重侵害了公民的隐私权、知情权。另外,由于公民个人对自己的数据保护意识不强,导致个人隐私的泄露。还有一些不法分子肆意窃取公民的个人信息进行交易,究其原因,这些都是利益的驱动导致的。

第二,技术乌托邦的消极影响。技术乌托邦认为,人类决定着技术的设计、发展与未来。因此,人类可以按照自身的需求来创新科技,实现科技完全为人类服务的目的。正是在技术乌托邦的影响之下,一些人认为大数据技术是完全正确的,不应加以任何的限制,它所涉及的伦理问题只是小问题,无关乎大数据技术发展。伦理问题涉及的是价值层面上的问题,价值问题若无法解决,技术又怎能被合法合规地运用到实践中呢?

技术乌托邦所带来的消极影响是显而易见的,它过分地迷信技术,这是危险的。而它所造成的价值错位之一,就是催生了技术中心主义,使人把所有的希望都寄托于技术之上。在这种价值错位的作用之下,人们对技术的不完善性、不完全性、恶欲性视而不见,把本不应由技术负担且技术实际上负担不了的问题都交给技术。其结果便是将技术的非善良一面进一步推向新的高度，加剧大数据技术引发的伦理危机。技术在运用的过程中的联系性是极其复杂的，人类在应用这些科学技术的同时却无法全面预知它的整体效应以及它与其他事物错综复杂的相互联系。

第三，行业伦理规范尚未形成。大数据技术是随着互联网的发展而成长起来的。数据的收集、存储、分析和使用都是依托于互联网的。因此，互联网行业的伦理规范就显得尤为重要。但是，目前，我国在这方面的行业伦理规范尚未形成。而且大数据企业也尚未形成一套完整的行业规范操作机制。于是，大数据企业和互联网公司就会根据自身的利益情况，对个人隐私信息、信息安全和自身所需要承担的责任进行界定。显然，由于没有严格遵循统一的口径，制定出来的规范其可操作性就值得商榷了。因为这是在多重标准之下所制定的，必然会对某一问题采取不同的措施，而企业又具有逐利的特性，必然寻求付出最小的代价，以换取最大的利益。"道德原则的不完善……使大数据行为处于一种无规范可依据的失范状态。"这正是目前大数据行业里的真实的状态。由于"道德原则的不完善"，造成行业规范也就难以形成。没有行业规范，企业就可以随意收集、窥探、买卖用户的个人隐私信息，也就不用对自己的违法违规行为负责了。因此，我们必须引入法律法规监督机制，从外部倒逼大数据行业伦理规范的形成。

近几年，我国陆续颁布了《互联网文化管理暂行规定》《互联网出版管理暂行规定》《互联网信息服务管理办法》《互联网电子公告服务管理规定》等法律法规。尽管如此，这也只是行政管理条例，距离真正的法治化还有很长的路要走。这也注定了目前的约束力是有限的，难以对大数据行业伦理规范的形成起到建设性的作用。随着大数据技术的快速发展，法律的空白这一问题日益凸显出来，成为亟待解决的问题。行业伦理规范的形成不能仅仅只靠行业内部成员的自觉，还应从外部施加压力，才能更好地促进规范的形成。

三、大数据技术伦理问题的解决思路

（一）政府：建立健全保护公民个人数据隐私的法律法规

政府是大数据技术涉及的一个最重要的主体，大数据技术的健康发展离不开政府的引导和监管。为此，政府必须要着力建立健全保护公民个人数据隐私的法律法规，以促进大数据技术的发展。

在目前的情况下，公民个人的数据隐私信息之所以被频频侵害，很重要的一个原因就是侵犯成本比较低，相关的主体可以任意根据自己的意志来行动而无需有任何的顾虑。作为产生数据信息的个人，即使知道了自己的个人隐私被侵害了，但是在维权的过程中也是困难重重。一是没有相关的法律法规来明确规定个人数据隐私信息的内容包含哪些。例如，在淘宝上的购物记录、在搜索引擎以及微博上的记录等，这些在多大程度上构成侵害，又是哪个机构在没有取得个人的信息授权许可时收集了公民的个人信息呢？二是哪一个平台应该为此负责没有明确规定。是拥有该应用程序的公司、通信运营商还是互联网企业呢？这些模糊性都难以严密保护公民个人的数据隐私信息，而现有的法律法规都较为泛化，缺乏实际的可操作性。所以，政府要在深入调研的基础之上，细化相关的法律法规。诸如对公民个人隐私数据信息进行分类，规定在何种情况之下，企业在收集数据之前应明确告知公民，并取得其同意。在何种情况之下企业可以使用这些信息，若是违反了这些规定，企业将会受到哪些惩罚。对双方的权利与义务以法律法规的形式进行界定，只有这样，才能处理好企业和公民双方之间的关系，大数据技术的发展才有可能。一旦法律法规对相关的行为做出了明确的规定，便会形成强有力的约束力，否则，只会流于形式，而不能真正实现其功能。

（二）大数据企业：坚持责任与利益并重的原则

企业的终极目标是追求利益，这本身是无可厚非的，但是当企业的利益和公民个人的利益相冲突时便要进行取舍。因此，大数据企业必须要坚持责任与利益并重的原则，切实承担起属于自己的社会责任，不能唯利是图。在大数据技术的研发及其应用过程中，专业人员、公司和使用者之间的利益冲突应该进行合适的处理。在任何情况下人民（尤其是脆弱人群）的利益不能因追求专业人员或公司的利益而受到损害。不伤害原则是解决伦理问题的一个很重要的原则，每个主体都有追求自己利益的权利，但是不能通过伤害他人利益的方式来获得。这就是说，大数据技术的研发和创新不能以牺牲人类的福祉为代价，而应向着实现人类的共同福祉这一目标前进，提高人类命运共同体的幸福感。

义务论认为个体在追求利益最大化时必须要关注行为本身是否正当，必须要接受某种规则的制约，大数据企业也必须要遵守一定的原则。笔者认为，坚持责任与利益并重的原则是协调各方利益的一个最佳原则。企业必须要获得利益，才能实现自身的价值。但是企业在数据收集、分析、使用和数据挖掘的过程之中，不能完全根据自己的利益来采取行动。企业要适当兼顾公民个人的利益，不能在没有取得公民个人授权或者在公民不知情的情况下对其个人的数据进行收集和挖掘，侵犯公民的个人隐私。

近年来，由于大数据技术的发展，人们越来越意识到保护个人数据隐私的重要性，但是大多数人的意识并不是很强。在这种情况之下，企业承担起这种保护的重任就显得尤为重要。大数据企业切实承担起属于自己的社会责任，在社会上便会形成良好的企业形象，人们对企业的信任度提高了，企业在将来的竞争中也易于处于优势地位，从而为企业带来良好的效益。

此外，大数据行业伦理规范的形成也要求企业遵循责任与利益并重的原则。行业伦理规范应该是公平公正的，并且不会损害企业之间的利益。这就意味着在行业内部要得到全体成员的一致认可并遵守，而且要给外界展示出一个良好的行业规范。如此，大数据行业才能为更多的人所信任。只有得到了公众充分的信任，数据的收集、分析和挖掘等各个环节才能更有效地进行，大数据行业的伦理规范方能尽快形成。

（三）公民：提高保护个人数据隐私信息的意识

在大数据时代的今天，公民作为产生数据的最初个体，拥有数据信息的所有权。大数据技术涉及的伦理问题中最为深层次的问题就是个人的数据隐私信息。这一问题能否处理好直接关系到大数据技术能否有一个良好的发展环境。

个人数据隐私信息与公民的利益是紧密相连的。因此，公民要努力提高保护个人数据隐私信息的意识，维护自己的合法权利。美国学者斯皮内洛指出："尊重他人隐私的义务是一个自明的义务，在一般情况下，隐私必须受到尊重，因为它是保护我们自由和自决的一张重要的盾牌。"这是说，互相尊重他人的隐私是大数据时代下的契约精神，更是我们人人需遵守的一个基本规范。若个人的隐私权没有办法得到尊重与保护，则人就没有自由的可能，社会就会处于混乱的状态。这与霍布斯所说的"一切人反对一切人"的自然状态又有何异呢？

公民个人数据隐私信息之所以频频受到侵害，很重要的一个原因就是其没有意识到个人数据隐私信息的重要性，缺乏自我保护意识。因此，当我们在互联网平台上进行交易或者社交时，必须要注意到自己的信息是否会在没有被告知的情况下进行收集，如果有告知协议，务必要仔细阅读。涉及身份证、银行卡等信息的填写时，我们要格外小心，不要轻易泄露个人身份的关键信息。

当遇到侵权行为时，我们要敢于维护自己的权益，与相关商家及时进行沟通，或者向消费者协会寻求帮助，情节严重时，上诉至法院，以维护自身的合法权益。面对大数据行业如此错综复杂的环境，公民只有提高保护个人数据隐私信息的意识，才能与大数据技术的发展相适应，才能有力地维护自己的利益。

此外，公民还应当积极履行监督的义务，若发现有企业侵犯其隐私信息，应及时向有关部门举报。只有社会各界积极行动起来，才能够更好地减少侵犯隐私行为的发生，促进大数据行业伦理规范的形成，从根本上解决大数据技术发展引发的伦理问题。让每一个人都能够享受到大数据技术带来的福利，消除数字鸿沟，需要政府、企业和公民三方一起努力，只是依靠单一的某个方面都是不可能实现的。随着大数据技术相关伦理问题的解决，大数据技术将会迎来飞速发展的黄金时期。

第六节　大数据分析与应用技术创新平台

针对我国大数据挖掘与分析能力弱、大数据算法应用和综合能力不强等问题，本节系统地介绍了大数据分析与应用技术创新平台的总体技术框架，详细分析了我国大数据分析与应用共性技术存在的不足和解决思路，并阐述了创新平台中四大支撑平台的设计思路与应用方向，最后对大数据分析与应用技术国家工程实验室未来的发展方向和重点工作进行了介绍。

目前，我国在大数据发展和应用方面已具备一定的基础，拥有一定的市场优势和发展潜力，但也存在政府数据开放共享不足、产业基础薄弱、缺乏顶层设计和统筹规划、法律法规建设滞后、创新应用领域不广等问题。这些问题亟待解决。《国务院关于印发促进大数据发展行动纲要的通知》提出"加大大数据关键技术研发、产业发展和人才培养力度，着力推进数据汇集和发掘，深化大数据在各行业创新应用，促进大数据产业健康发展"，强调推进基础研究和核心技术攻关。

针对我国大数据挖掘与分析能力弱、大数据算法应用和综合能力不强等问题，亟须开展关键技术的攻关研发与突破工作。为践行国家大数据战略，北京大学牵头，联合中国科学院数学与系统科学研究院、中山大学、北京奇虎科技有限公司、北京嘀嘀无限科技发展有限公司、中国信息安全研究院有限公司等多家单位，共同申请建设大数据分析与应用技术国家工程实验室，并于2017年初获得了国家发展和改革委员会的正式批复。该实验室的目标是围绕数据科学理论体系、大数据计算系统与分析理论等重大基础研究进行前瞻布局，开展数据科学研究工作，引导和鼓励在大数据分析的理论、方法及关键应用技术等方面展开探索；加强数据清洗、大数据分析发掘、大数据可视化等领域关键技术攻关；围绕多源异构数据分析，针对视频、文本等多种数据类型，研究大规模机器学习的基础和创新方法，依托合作支撑单位开展面向大数据分析的全流程框架和工业标准的设定、大规模数据分析系统平台的搭建；针对多项具有代表性应用的大数据分析应用平台进行设计和优化，注重大数据分析理论和系统的源头创新，提升数据分析处理能力、知识发现能力和辅助决策能力；切实和有效地突破目前我国在大数据分析和应用方面的技术瓶颈，形成一整套具有国际影响力的大数据分析系统软件，推动我国大数据产业的发展。本节将系统地分析我国大数据分析与应用的共性技术的瓶颈和解决思路，介绍大数据分析系统开发平台、大数据系统测试评估平台、大数据分析可视化展示平台、重大应用示范与系统集成平台四大支撑平台的设计与应用，并对大数据分析与应用技术国家工程实验室未来的发展方向和重点工作进行展望。

一、大数据分析与应用的五大共性技术

在一个典型的大数据分析与应用的流程中，数据经过预处理后，采用以大数据统计为代表的共性模型和算法与大数据挖掘技术进行计算分析，再结合高度智能灵活的可视分析，最后支持复杂场景下的智能决策。分析的结果将进一步反馈到数据处理阶段，并再次进入分析过程，进一步提供基于数据的洞见能力和决策支持。可见，在大数据分析与应用过程中，大数据预处理与质量控制技术、大数据分析支撑理论与算法、大数据挖掘技术、大数据可视分析技术、大数据智能知识管理与决策支持技术构成了大数据分析与应用的五大共性技术。这五大共性技术也是构建大数据分析与应用技术创新平台的关键环节。

（一）大数据预处理与质量控制技术

在大数据环境下，数据来源的多样性决定了不同数据源提供的数据可信度是不同的。数据的错误可能来自数据生成和融合的各个阶段。

第一，数据中的可信度建模问题。在对复杂结构数据的可信度进行建模时，我们需要采用"不确定性"和"数据溯源"两个维度。对于不确定性而言，我们可以采用概率图模型对所研究的复杂结构数据进行数据建模。其中，根据应用的需要考虑概率图模型中的点、边的不确定性以及它们之间的互相依赖关系。除此以外，考虑到复杂结构数据的多源特性，不同的数据源提供的数据的可信度是不同的。在对数据的不确定性建模的基础上，我们还要考虑"数据溯源"问题。大数据分析与应用技术创新平台将数据的不确定性和溯源作为一种统一的元数据，为描述关联数据的可信度提供建模。

第二，数据中的数据质量检测和评估问题。数据质量决定了数据的可用性。在传统的数据质量检测方法中，最经典的方法是挖掘数据之间的函数依赖关系

以及带有约束的函数依赖等。然而这些方法只考虑了关系数据库表中各个列之间的函数依赖关系。数据质量的检测需要研究复杂数据的数据质量问题。例如，知识图谱数据的数据质量问题需要考虑两个方面的特征：图结构特点以及知识图谱数据中的本体语义。

第三，大数据抽样问题。大数据分析中有很多问题，其中一个很重要的问题是计算精度和计算复杂度的平衡。一种好的计算方法，一方面要误差小，另一方面要计算速度快。大数据分析中这两方面目标几乎不能同时实现。当前应发展更普适、更稳健的再抽样方法，其普适性将表现在适合于广义线性模型以及一般优化问题上，其稳健性将表现在统计推断结果的精确性，即均方误差的减小上。

（二）大数据分析支撑理论与算法

数据分析算法大致可以分为计算数学算法、统计算法、计算机算法、优化算法等。由于这些算法来源于不同领域，其侧重点和使用的主要工具都有所不同，然而它们之间又相互关联。

大数据分析的计算数学理论与算法。计算数学包括数值分析、数值代数和最优化等，为大数据分析提供了坚实的理论和算法基础，也拓展了大数据分析的应用领域与范围。在大数据的研究过程中，我们要推动变分法、偏微分方程、低秩和稀疏优化的结合，为图像科学和医疗影像提供新的数学模型和数值方法，推动计算数学与机器学习的结合，推动偏微分方程与机器学习的结合，发展高维数据分类、聚类和降维的新方法和理论。针对数据模型，我们可以推广基于多尺度的降维方法在物理模型中的应用，如图像表示的小波方法就可以看成一个多尺度方法。深度学习网络的训练也和多重网格算法有很多相似之处，可以系统地研究多尺度方法在非结构数据分析中的应用。基于多层次神经网络的深度学习方法可以看成一种自适应、多尺度、多层次的表示方法，其加深了对深度学习的理解，有助于找出基本原理并推广。神经网络也可以看成一种特殊的图模型，从图模型的角度来看，神经网络有希望发展出多尺度、多层次模型。多年来，在计算数学领域发展出了一系列行之有效的并行算法、随机分析方法和张量分析方法，这为大数据分析提供了有效的途径。优化算法是计算数学和大数据分析的主要课题之一，实验室将研究在大数据中如何发展有效的优化算法。

大数据统计分析方法。在分析大数据时，比较大的一个挑战是如何处理大数据的复杂性和不确定性，我们需要运用统计学原理及方法、机器学习方法来处理这两方面分析过程中的技术问题。数据的不确定性会带来预测结果的不确定性，在统计中可以用随机变量的分布来描述数据的不确定性，然后用置信区间或置信带来量化预测结果的不确定性。

随着计算机硬件的发展与大数据时代的来临，深度学习作为一种通用的人工智能算法，在近些年来取得了巨大的成功。对比传统的模式识别方法，深度学习不再需要人工进行特征设计，而是采用端到端的方式进行训练，并在计算机视觉、语音识别和自然语言处理等很多领域都取得了突破性的进展。目前的深度学习算法主要有模型复杂程度较高、速度慢以及需要大量训练数据等问题。为了进一步推动深度学习的发展和广泛应用，我们仍需要突破以下关键技术：深度神经网络模型的预测加速和模型压缩、类人的深度学习过程以及新型的深度学习优化方法等。随着深度学习的不断发展，各种复杂的网络结构，特别是深层神经网络，由于其灵活性较高，具有良好的表达能力，引起了越来越多的关注。但由于缺乏理论上的指导和支撑，目前深层神经网络的大量自由参数在大多数情况下仍需依赖经验来进行调节与优化，距离理论上的最优性能仍有较大差距。此外，如此复杂的模型很容易在特定的数据集上得到近乎理想的拟合效果，然而在推广泛化性能上却往往很难得到保障。为了推动深度学习的发展，继续提高模型的性能，我们需要对复杂神经网络的优化算法进行进一步的研究。

深度学习在许多领域都有广泛的应用。在实际应用中，根据计算平台资源等方面的限制，我们往往需要设计出不同计算复杂度的模型。由于缺乏系统性方法的指导，很多神经网络的超参数（如卷积神经网络的层数、每层卷积神经网络卷积核的类型与数量等）都需要依赖经验来设定，然后通过大量的实验来验证模型的性能。因此，将深度学习算法在特定问题上进行应用的关键是，如何在学习的过程中简单有效地完成超参数的自动选择。

深度学习在监督学习领域已经取得了巨大的成功。基于监督学习的深度学习方法通常需要海量的标注数据进行训练，从而保证模型的推广性能。但在很多应用中，标注数据往往很难获得或者获得成本过高，而没有标注的原始数据往往很容易获得。相对地，人脑可以在没有监督信息时主动地从周围环境中学习。因此，要实现更加高级的智能行为，现有的深度学习算法需要突破传统的监督学习模式，从监督学习向半监督学习乃至无监督学习转变，借鉴人与环境之间的交互过程，主动且自动地完成增强学习，以摆脱对监督信息的依赖，在更严苛的环境下完成学习任务。

（三）大数据挖掘技术

在大数据挖掘技术方面，大数据分析与应用技术国家工程实验室主要关注文本、视频、时空等典型数据类型，同时大力开展大规模并行数据挖掘技术的研发。

第一，文本大数据分析技术。深度语义分析、跨领域与跨语言情感分析、大规模高精度文本知识挖掘、智能文本对话、语义搜索引擎等是实现大规模文本数据挖掘和自然语言理解的基础技术。设计制造自动人机对话平台（智能问答机器助理）被认为是现代人工智能的一项充满挑战也极具困难性的任务。能主动引领新话题的对话模式（主动式智能问答机器助理）对于现有的被动式人机对话模式而言是全新的突破。语义搜索引擎的应用可以大规模定制化采集任意多个网址、网页和文档信息，利用语义搜索引擎分析相关内容，筛选有价值的信息，构建语义索引，进行自动汇聚。这一平台用于大规模文本的信息筛查和收集，可有效实现基于语义的信息与知识汇聚，有利于基于文本大数据技术的应用，实现科学决策。基于这一平台，我们可以开发行业知识服务与决策支持系统（如智能辅助诊疗、智能新闻报道）、智库信息服务（智能产品服务、智库系统）、通用个人知识助理等行业、专业及通用的知识服务应用。

第二，面向海量视频图像数据的语义分析技术。基于语义的图像视频分析是计算机视觉和多媒体领域的一个基本问题，与人工智能、机器学习、人机交互等领域紧密相关。其中，与图像数据相关的主要任务有图像分类、物体检测等，与视频相关的任务包括多媒体语义事件检测、视频语义标注等。由于视觉数据的特征表达与真实的语义之间存在"语义鸿沟"的问题，尽管现有的研究工作提出了大量的理论与算法，要解决上述问题仍然面临着巨大的挑战。在图像、视频数量爆炸式增长的今天，如何充分挖掘海量视觉数据及其语义标注信息成为新的技术难题。传统的机器学习模型往往无法充分表达海量视频图像数据的语义复杂度，并进而构建高效的用于预测的模型。因此，我们需要针对海量视频图像数据的特性进一步扩展与增强现有的模型、理论和算法，并在公开的数据集上评测其性能。面向海量视频图像数据的语义分析技术研究需要突破的关键问题有图像快速索引、多媒体事件检测、视频语义标注等。

第三，时空数据分析技术。时空数据挖掘主要分为以下几类：时空模式挖掘、时空聚类、时空分类、时空异常检测等。在应用层面，我们可以以社会经济现象感知为目标，以时空大数据为基础，并以时空数据挖掘算法为支撑，发展一系列分析方法，包括个体移动行为模式分析、活动时间变化特征分析、场所情感语义分析等。移动是个体层次空间行为最直接的外在表现。个体移动行为模式分析是利用时空大数据中的移动轨迹信息研究个体移动模式或模型的方法。活动时间变化特征分析是指基于城市不同区域对应的活动日变化曲线，研究其用地特征和在城市运行中所承载的功能。同时，社交媒体（如推特、微博等）中包含了大量文本数据，这些数据成为语义信息获取的重要来源，其中带有位置信息的社交媒体数据通常占3%。我们可以利用这部分数据揭示与地理位置有关的语义信息，即进行面向场所的情感语义分析。

第四，大规模并行数据挖掘技术。考虑到当前开放互联环境中海量数据挖掘和应用的需求，大数据分析与应用技术国家工程实验室将充分考虑分布式数据的特点，结合不断发展的、多样的存储和计算环境，研究海量分布式数据挖掘的理论、方法和技术，以及规范体系，力争使我国在相关领域的研究成果进入国际领先行列，重点突破海量数据挖掘系统体系结构、基于云计算的数据模型、分布式数据挖掘算法（包括分类算法、关联规则算法、主成分分析算法）等关键技术。

（四）大数据可视分析技术

可视分析是对大数据进行分析的一种有效手段，在我国日益受到重视。中国计算机学会大数据专家委员会发布的"2014—2016年大数据发展十大趋势"中，可视分析技术连续3年被列入其中。可视分析技术的目标是使数据分析过程透明化。它结合了可视化、人机交互和自动分析技术。在一个典型的可视分析流程中，自动分析的结果通过可视化展示给用户，用户通过人机交互技术评价、修改和改进自动分析模型，从而得到新的自动分析结果。通过这种方式，可视分析技术将人的经验、智慧与机器的运算能力紧密地结合在一起。这其中，由人来定义分析任务的模式，由机器来存储和分析大量的数据。分析结果的可视化则成为人与机器合作的桥梁。

第一，大数据原位可视分析技术。最初的面向科学的原位可视分析技术将数据处理与可视化代码、数值模拟代码进行耦合，在数值模拟程序运行的过程中进行若干处理与可视化工作，即时对相关特征进行提取并存储，从而使人们能在后续处理中得到完整、精确和可靠的数据分析和可视化结果，用以支持用户的探索与分析活动。原位处理能在保证数据精度的同时，大幅减少数据存储、数据传输以及后续处理的代价。同时，在原位处理的过程中，还能即时产生相关的可视化内容，用户可以基于内容对模型模拟过程进行监测、调整和操控。同样的思路可以被推广到一般意义上的复杂大数据分析过程中。在大数据产生和运输的过程中，同步开展有效的可视化工作，可解决大数据可视化的瓶颈问题。

第二，多尺度时空可视分析技术。面对多种不同来源、不同粒度的数据，如何在时空内进行融合是分析时空数据的巨大挑战。在同一空间内，将多源数据进行可视化处理并提供有效的可视分析手段是目前的研究热点之一。多尺度时空可视分析技术是探索应对大规模、异构的时空数据时较为通用的交互式分析和探索方法。

第三，支持态势感知的大数据可视分析技术。传统的数据分析任务主要是针对单个或者一类数据进行的分析，随着大数据的出现，各式各样的具有隐性关系的数据涌现出来。在一些复杂任务中，我们往往需要同时对不同类别的数据进行采集、监控、分析以及响应。支持用户对这类分析过程进行实时感知和把握是今后可视分析需要具备的重要功能。

（五）大数据智能知识管理与决策支持技术

面向大数据的知识发现、管理和决策支持服务平台是大数据分析流程中关键的一环。这其中包括四个方面的主要内容：一是面向多源异构数据源的知识图谱构建和融合，将不同的数据源的数据进行有效的整合，形成面向一个领域或者开放领域的完备的知识图谱；二是海量知识数据的存储和查询等数据管理问题，一个面向海量知识数据的高效的知识图谱数据管理系统是提供知识服务和支撑上层决策的基础；三是智能知识检索和分析，希望为用户提供一种基于可视化技术的、交互式的知识数据访问和分析的平台接口，方便普通用户使用知识图谱；四是在上述知识图谱的构建和分析的基础上，针对复杂的问题提出定性和定量的综合集成建模体系，从而有效支持相关决策。

二、大数据分析与应用技术创新平台的支撑平台

针对上述技术，大数据分析与应用技术创新平台将搭建相应的支撑平台，支持方法和系统的研发与落地。

一是大数据分析系统开发平台。大数据分析系统开发平台建设专门面向大数据分析技术的支撑平台与系统，实现大数据机器学习算法的高效并行化，为各种机器学习算法提供统一的、用户透明的调度过程。构建两个面向大数据分析的算法库——面向大数据统计与机器学习分析处理基础算法的并行算法库、面向大数据挖掘技术核心算法的并行算法库。依托天河二号超级计算机（以下简称"天和二号"），设计面向大数据分析与处理的软件支撑平台，包括基于

天河二号的大数据可视化分析系统、支撑大数据可视化的基础并行算法库、实现知识图谱的基础并行算法库与软件系统支撑平台。重点突破大数据背景下深度学习、数据挖掘等各类应用的共性问题，研究解决这些问题的基础算法的并行性，研究并行编程框架及其支撑系统，创建基于天河二号的大数据分析软件支撑平台与系统。

二是大数据分析系统测试评估平台。大数据分析系统测试评估平台是一个综合性试验测试平台，能够实现各种大数据分析方法和系统在多种数据对象、应用场景下的主客观质量测试和应用验证。大数据分析系统测试评估平台将建立标准测试方法和手段，并建立综合性的测试数据集合，能够提供多种情况下的测试评估能力，对其他平台的结果具有良好的支撑作用。

三是大数据分析可视化展示平台。大数据分析可视化展示平台将提供先进的可视化显示环境，实现对目标数据分析效果的高效可视化，提供高度沉浸式、高像素分辨率的大规模可视化设施。大数据分析的可视化通常需要同时展示大量、高精度、多角度的复杂图形信息，以便使用者进行观察与分析。

四是重大应用示范与系统集成平台。重大应用示范与系统集成平台主要通过与共建单位合作，在安全、交通等方面建设包括多种应用在内的大数据重大应用示范与系统集成。

三、大数据分析与应用技术的未来发展方向

大数据分析与应用技术国家工程实验室瞄准国家的重大需求进行发力和突破。同时，其还将以企业和市场的需求为导向，以提高产业自主创新能力为目标，力争在我国大数据分析与应用领域形成一批重大的标志性成果。

在科研与人才的体制与机制上，该实验室积极进行探索和创新，与北京大学大数据科学研究中心、北京大数据研究院等院校机构和科研单位进行深度协作，整合各方资源，发挥各方优势，努力实现机构共建、人才联聘、成果共享的"三位一体"运行新机制。

在大数据人才培养上，该实验室将以往的分学科、分阶段的"串联式"培养方式升级为多学科交叉、理论与实践并行的"并联式"培养方式，联合北京大学数学科学学院、信息科学学院等院系，聚合数学、计算机、工程应用等多方面的资深专家，为大数据领域的优秀人才营造良好的成长环境，在提高人才培养效率的同时，使其具备利用大数据相关理论与实践经验解决具体问题的实战能力。

大数据分析与应用技术国家工程实验室依托北京大学建立研究环境与核心

团队，针对大数据分析技术，建立研究开发和试验平台，开展针对大数据的预处理和质量控制、大数据的计算数学理论与算法、大数据的统计方法及理论、大规模机器学习方法、面向异构多源大数据的挖掘和分析、大数据的可视化以及知识计算和决策支持等方面的研究；针对重点行业应用和数据产业的发展需要，建立大数据分析系统和数据产业工业化应用的全流程开发框架和系统标准；以支撑平台为基础，加强与支持单位以及优势单位和地区开展的合作研究，突破现有大数据分析的技术瓶颈，引领国内外大数据分析产业的发展，涌现一批具有自主知识产权、形成国际影响力的大数据分析系统平台，为我国大数据分析产业的发展以及基于大数据的政府决策、企业创新等方面提供基础支撑。

本节从我国大数据分析与应用的共性技术、大数据支撑平台和应用的现状以及存在的问题出发，介绍了大数据分析与应用技术国家工程实验室建设的大数据分析与应用技术创新平台的技术架构。创新平台围绕数据科学理论体系、大数据计算系统与分析理论等重大基础研究进行前瞻布局，开展数据科学研究活动，引导和鼓励人们在大数据分析的理论、方法及关键应用技术等方面展开探索。创新平台将引领大数据分析技术和国际标准发展，为我国大数据分析产业健康发展提供技术支撑、实验中心和人才基地。在产学研结合方面，创新平台将成为支撑产业健康发展的核心试验支撑平台和充满活力的开放式研究开发平台。

第二章　企业财务风险控制

第一节　企业财务风险控制问题

在日益复杂的市场经济环境中，企业的财务活动具有不确定性，企业的财务风险无处不在、无时不在。如果企业对财务风险管理不善，就会引发财务危机。因此，加强企业财务风险控制，对促进企业持续健康发展，提高企业的社会竞争力具有重要的现实意义。

一、财务风险控制理论概述

（一）财务风险的分类

①筹资风险。筹资风险是指由于资金供需市场、宏观经济环境的变化，企业筹集资金不真实、筹资成本过高以及筹资达不到预期目标或受益的不确定性，即到期无法偿付资本成本的可能性。

②投资风险。投资风险是指投资主体在进行投资的过程中由于各种不可控制因素的作用，投资无法实现预期结果的可能性。

③资金回收风险。企业产品销售的实现与否，要依靠资金的两个转化过程：一个是从成品资金转化为结算资金的过程；另一个是由结算资金转化为货币资金的过程。资金回收风险是指这两个转化过程的时间和金额具有不确定性。

④收益分配风险。收益分配风险是指由于收益分配可能给企业的后续经营和管理带来不利的影响，即收益的取得和分配对资本价值产生影响的可能性。

（二）财务风险的特征

①客观性。企业财务风险具有客观性，它具有以下两个方面的意义：一方面，企业面临财务风险的问题是不可避免的，所以必须加强对财务风险的控制；

另一方面，由于财务风险是不能完全消除的，企业只能积极树立财务风险意识，不能一味地追求低风险甚至零风险。

②不确定性。财务风险的不确定性，是企业财务风险产生的必要条件，财务风险在一定条件下，有可能发生，有可能不发生。正是由于财务风险具有不确定性的特征，在进行企业财务风险管理控制时，人们可以得出风险的可控制性。

③收益性。企业的财务风险与收益是存在正向关系的，财务风险越大，收益越大。企业的生产经营活动是具有连续性的，财务风险的存在和发生，必然会影响企业某一环节的发展，从而影响企业整体的经济效益。有效地控制企业的财务风险，将会节省企业在风险管理方面花费的资金，从另一个角度上看也是增加企业的收益。

二、财务风险控制的方法

①风险规避，是指企业在财务风险调查预测的基础上，对于已存在的风险和风险发生的可能性，采取不承担风险或放弃已经承担的风险，来规避损失发生的策略。实施风险规避策略可以通过彻底避免、中途放弃或改变条件三种方法进行风险规避。

②风险降低，是指企业在财务风险事故发生前努力降低财务风险发生的可能性，并在损失发生后尽量减少风险损失的一种方法。控制财务风险的方法可以从事故发生前和事故发生后两个方面进行预防和减少损失。

③风险转嫁，是指企业把有风险的财务活动通过保险、转让等方式转嫁给其他单位和个人的方法，通过转移风险而使自身得到保障。

④风险留存，是指企业以一些筹资措施来应对企业风险。风险留存实质上是企业在某种风险无法回避也不能转移时自行承担风险及损失发生后的财务后果。在许多情况下，风险留存会与风险转移结合起来运用。

三、企业财务风险的成因分析

第一，企业内部原因产生的财务风险。一是企业内部缺乏完善的财务管理制度及系统。财务管理混乱是产生财务风险的一个重要原因。企业内部各部门资金的使用分配、管理的混乱无序，利益分配存在权责不明的状况，都将直接导致企业资金的流失、利润的下降，给企业带来严重的损失。二是企业财务管理人员对财务风险的客观性认识不足。企业的财务管理人员缺乏基本的职业道德，专业知识不够完善，缺乏风险处理经验，在风险出现时消极应对，不能冷静分析财务风险的客观性，不能准确地根据财务风险的成因采取有效的解决措施。盲目的财务行为，将导致企业不良的财务活动形成恶性循环，严重影响企业的正常生产经营活动以及企业资产的正常安全流动，给企业未来的持续发展埋下巨大的财务隐患。三是企业资本结构不合理。企业的资本结构是指企业各种资金的构成及其比例关系。企业的财务状况是企业资金占用和资金来源情况的综合反映，对企业资金结构的分析也就是对企业资产结构和负债结构的分析。受企业的财务状况管理不善、产品销售情况不佳、投资者和管理人员缺乏对相关方面的科学认识等各方面因素的影响，企业的资产结构会发生倾斜。这样将导致企业无法达到最佳的资产结构，无形中增加了企业财务方面产生风险的概率。

第二，企业外部原因产生的财务风险。任何一个企业都脱离不开整个市场经济的大环境而独立生存，在我国复杂的经济环境中，企业为了应对外部多变的财务环境，必须积极发挥作用减少因企业外部原因影响而产生的企业财务风险。其中，市场震荡是一个不可轻视的因素。市场的连续震荡，将导致股市等遭遇严重的危机，市场交易困难。

四、企业财务风险的控制对策

首先，筹资风险控制对策。筹资是企业经营活动的内容之一，企业在筹资风险控制过程中，应遵循企业所筹资金量与需求量相符合，资金的筹集与投放相结合以及资产结构与筹资结构相匹配的原则。在制定筹资风险控制对策时，可采用合适的筹资规模、安排最佳的筹资结构、选择合理的筹资期限、把握有利的筹资时机和制定有效的筹资方案等方法。

其次，投资风险控制对策。规避在投资活动中的风险，有以下两种方法。一是最大期望收益值法。根据项目投资方案实施时面临的各种状态的概率值和收益值计算出项目备选方案的期望收益值。比较不同投资方案的期望收益值，以最高收益值为确定优选方案的依据。二是最小期望损失值法。计算出各个投资方案或项目的期望损失值。方案在某种状态下的决策损失值等于某种状态下存在的最大收益值减去某种状态下该方案的收益值。根据各期望损失值的大小比较，以期望损失值最小者为最优方案。

再次，资金回收风险控制对策。资金回收风险控制需从两个方面来考虑。一方面是加强对成品资金向结算资金的转变过程的控制。首先企业要做好科学的市场调查，对产品是否符合市场需求及其成本、利润等做到充分的调查和研究。另一方面是加强对资金结算向货币转换过程的控制。企业资金结算过程中最主要的因素是对应收账款的管理工作，先加强事前的预防工作，对客户的信用程度进行调查，确保客户是否能进行赊账，再签订合法的合同，可防止少数客户出现的赖账行为。

最后，收益风险、分配风险控制对策。收益风险分配问题我们可从以下几个角度进行解决。第一，法律因素。严格遵照国家统一的分配标准进行分配。遵循积累优先原则，必须尊重市场竞争规律的要求，企业在向投资者分配利润之前，在遵照法律因素之外，还要通过董事会的决定，最后才能确定分配利润的合理性。第二，公司因素。要充分考虑到经营者和员工的利益，加强激励政策的建立以确保调动员工的积极性的同时也要加强相关意识的培养，让员工自觉维护公司的利益。第三，公平因素。要一视同仁地对待企业的每个投资者，保证企业利润分配的公平。

第二节　企业财务风险的控制与防范

在企业管理的每个环节中都有与财务风险相关的工作，能否防范和控制财务风险与企业是否能够蓬勃发展有着莫大的联系。然而，财务风险是客观存在的，企业只能尽最大的努力去防范风险，使风险对企业的危害降到最低，不可能完全杜绝风险。因此，采取何种方法降低财务风险给企业带来的经济损失，是当今企业有待思考的问题。本节内容主要关于如何对企业的财务风险进行控制与防范，结合当今企业财务风险方面所存在的问题，从不同的角度分析问题，并探析出解决方法，供企业参考。

财务风险是指企业在面临外部环境时以及在进行内部管控的过程中，遇到的一些不可预测的问题，使企业的实际收益和预测收益发生偏差的情况。在现如今这个快速发展的时代，环境的不确定性和多变性大大增加了企业的财务风险。企业内部管控也存在问题，使大部分企业不能够有效地对其财务风险进行控制和防范。

一、当前企业在财务风险控制与防范上存在的问题

第一，受客观外部环境因素的影响。财务风险不单单受到企业内部管控的影响，还受到企业所处的外部环境影响。外部环境主要包括经济环境、市场环境、社会环境、法律环境等。这些环境很复杂，还具有多变性，或许可以给企业带来机遇，或许让企业处于困境，使企业财务方面受到损失。由于这些环境因素是属于企业不能管控的范围之内的，而且企业对于环境的多变性和复杂性找不

到趋势和规律，所以企业往往对于此方面因素束手无策。

这些环境因素不单单对企业的财务方面影响深远，对企业的经营管理方面同样影响深远。在这些客观环境中，经济环境因素是尤其具有影响力的，它也是最复杂、最多变的。例如，经济环境的变化产生的汇率变化、产业政策变更等都会对企业的经营活动产生严重的影响。正如 2008 年爆发的全球金融危机，全球的企业，无论大型或小型都受到了经济环境的冲击，多数企业表现出经济萧条的状态。由此看来，企业所受的外部环境因素在很大的程度上影响着企业的财务管理。这是当前企业在财务风险控制和防范上存在的第一个问题。

第二，财务工作人员缺乏风险意识。财务风险是客观存在的，不可能完全避免。正因为财务风险不可能完全避免，所以财务工作人员在防范风险方面的意识和觉悟不高。因为他们觉得财务风险一定存在，不管如何防范都是无用的。这是财务工作人员在财务风险方面存在的误区，也是他们缺乏财务风险意识的体现。同时，我国的财务工作人员受到传统经济的影响和专业教育的局限，他们的专业水平和综合能力都有待提高。他们的财务观念、财务工作方法、专业上的判断力和执行力还不能很好地适应快速发展的经济环境。在实际生活中，非常多企业的财务工作人员专业技能不足，尚不具备承担起财务风险防范工作的能力。

除此之外，最为重要的就是企业的管理层和领导人对企业风险管理的控制不重视，往往将企业风险管理工作流于形式，没有真正重视企业财务风险防范工作。这使企业出现财务方面的危机，而财务人员的技能缺失又影响了对财务风险的规避，更增加了企业的经济损失。这是当前企业在财务风险控制和防范上存在的第二个问题。

第三，企业缺乏健全的财务预警、御险机制。财务预警、御险机制是企业通过财务报表、管理计划、有关的财务信息和外部环境信息来建立的。将科学的分析方法与数学方法相结合，企业相关部门可预测出企业潜在的财务风险并告知相应的管理层。同时，其还应当指出企业管理问题和风险的存在原因以及当前财务工作执行过程中所存在的隐患，用来警醒企业管理层尽早对潜在风险做出决策和控制。但是，当前我国企业并没有建立健全的财务预警、御险机制。这主要有两方面原因：一方面是由于企业并没有一个很好的财务管理风险意识，主要是财务工作人员风险意识的缺乏；另一方面是企业没有形成良好的财务风险管理文化，这样企业财务管理的架构和企业责任没有做到全面规范，财务管理的责任不明确、管理混乱，加上企业内部工作人员之间缺乏交流，他们之间的合作存在障碍。这是当前企业在财务风险控制和防范上存在的第三个问题。

二、当前企业在财务风险控制与防范上存在问题的解决方法

首先，企业需要加强对外部环境的适应力。企业面对复杂多变的外部环境时需要加强对外部环境的适应力。企业财务风险对外部的适应主要表现在，针对由于外部环境的变化而使企业发生的财务风险，深入地探究有关环境变化的原因和对企业财务风险方面的影响。企业可以派遣专业人员对外部环境进行深入的探索和研究，深入调查、分析和预测将来外部环境最可能的发展趋势，以此来制定相关的决策。结合上述原因与研究成果制定出最有效的策略来控制财务风险，可以使受外部环境影响的财务风险所带来的财务损失减到最少。同时，在财务风险防范方面，企业应该关注其所处的外部环境，对外部环境的实时动态都了如指掌，并进行及时的分析和探究，判断出外部环境可能带来的风险，提出相应的解决方法，这才能在最大程度上将外部环境的影响降到最低。除此之外，企业还要恰当地调整财务管理模式和方法，提高企业财务对外部环境的适应力和应变力，降低风险，以确保企业的经济效益，促使企业蓬勃发展。

其次，提高财务工作人员的风险意识。面对企业财务工作人员风险意识淡薄的现状，企业要想办法提高财务工作人员的风险意识。其中，最重要的是要从企业管理层开始，只有企业管理层从根本上树立起财务风险意识，工作人员才能重视财务风险防范工作。企业可以通过制订相应的培训计划，对管理层进行定期培训，让其意识到财务风险防控的重要性和不可或缺性，树立起财务风险防控意识，加强对财务风险管理工作的监督和管控。另外，对于财务工作人员要进行专业知识上的培养，向他们输入最新的、最具有实用性的专业知识，结合现实案例分析，提高他们的专业素养。同时，企业还要对他们进行培训。培训需定期进行，因为快速发展的市场经济环境具有多变性，只有不断输入能应对当前环境的专业知识，才能够将知识与实际有机结合在一起，提高财务工作人员对财务风险的敏感度，增强他们财务分析的能力和对财务风险防控的能力，使他们的工作效率大大提高。而对企业来说，其降低了财务风险发生的概率，间接地给企业财务带来效益，促进了企业的蓬勃发展。

最后，建立健全的财务预警、御险机制。

第一，针对企业财务风险要改善风险环境，培养企业财务风险文化。要明确各个部门的责任和义务，使各个部门尽到最大的义务，承担自身的责任。同时，企业还要设有信息传递的途径，加强企业各个部门和单位的沟通，加强工作人员之间的沟通。只有良好的信息交流，才能实现更好的合作，提高工作效率。

第二，健全财务预警机制要从两方面出发。

一是现金风险方面。现金是财务的基本表现形式。企业要对现金流量进行分析就需要对现金的收支等变化情况有相当的了解。要核实现金的流动时间来提前防范潜在的风险因素，并且提前拟定具有可操作性的解决方案。除此之外，企业还要在进行交易的过程中谨慎选择交易客户，加强对财务的管理，科学操作，降低现金风险。

二是存货风险方面。企业要根据自身的交易数额，确定库存物资的最优数量，减少闲置库存，加强对库存物资的集中管理。此外，企业还要加强存货管理，可以通过分类的方式来进行控制，实现存货供应链条的完整。

除此之外，建立健全的财务御险机制也同样重要。为了尽最大的可能防范潜在的财务风险，企业一定要有长远的眼光为将来的利益着想，可实行以下措施。

一是建立起风险转移制度。企业可通过某种渠道将部分的或者全部的财务风险转给其他人承担，如通过给企业投保的方式。

二是建立企业风险分散机制。以企业分散经营和对外投资等方式分散财务风险。

三是加强风险相应决策，降低风险。例如，设立财务风险基金，在企业产生风险之前，专门设立勇于防范财务损失的备用基金。

四是财务风险控制。将已经发生的财务风险，记录于财务风险方案中，分析案例，探究原因，吸取教训，防止下一次的损失产生。对于已经产生的损失企业要及时处理，不能长期搁置，给企业发展留下隐患。

总而言之，随着市场经济的快速发展，企业财务风险控制与防范变得越来越重要，这在很大程度上影响了企业的发展。企业如何处理外部客观因素导致的财务风险，如何树立财务工作人员的风险意识，如何建立健全财务预警、御险机制，这就需要企业加强对外部环境的适应和判断，制订相应的培训计划，定期培训管理层和财务工作人员，使其树立财务风险意识，改善企业文化氛围，建立健全财务预警、御险机制等。具体的实施方法要结合企业自身的实际情况，并不是所有企业都适用相同的方法。如何进行企业财务风险的控制和防范，依旧是企业必须思考的问题。

第三节　我国企业财务风险控制

我国在加入世界贸易组织后，继续大力推行改革开放政策，国内的企业迎来了更多的机遇和挑战。金融危机的爆发和企业内部财务风险问题的产生，暴露出我国企业在财务风险控制方面的不少弊端。所以，在市场经济竞争日益激烈、金融风暴余波未散的情况下，财务风险控制必然成为企业内部控制的重中之重，加强和完善企业财务风险控制的防范措施显得极为重要。由此可知，我国企业必须要重视财务风险防范，防止财务风险的发生。因此，我们需要了解企业可能出现的财务风险，制定相应的预警机制，对于已发生的财务风险必须及早诊断，并采取相应的措施，将风险扼杀于萌芽状态。同时，企业还要分析财务风险产生的原因，防止类似的财务风险再度出现。

一、我国企业财务风险控制中存在的问题

（一）企业内部风险控制意识淡薄

金融危机以后，如何更好地控制财务风险成为企业关注的热点。我国还属于发展中国家，企业对于财务风险的认识还处在基本层面，很多企业财务风险控制的意识还十分淡薄，财务风险控制机制尚不完善。在我国的企业中，上到企业的管理层，下到企业的员工，对于企业的财务风险还没有较强的意识，这一现状不利于企业的生存和发展。

1. 企业管理者的财务风险控制意识淡薄

企业管理者就是企业的"中枢神经"，如果企业管理者对于财务风险没有制定有效的预警机制和控制措施，企业就无法系统地对财务风险进行控制，这必然会使企业内部的财务风险加大。

在我国的企业中，大多数企业管理者对于风险的解决办法是，在风险出现时进行控制，一旦风险稍有缓解就不再监控。这种做法完全没有作用，有时反而会适得其反。企业管理者在对一个新的项目进行投资前预测时，通常只对投资所得利润进行评估，而不会考虑利润背后的风险。企业不先对收益和风险进行评估，而是选择盲目投资，就会造成企业损失甚至导致企业破产。

2. 企业内部员工的财务风险意识淡薄

企业内部员工的财务风险意识十分重要。企业内部员工如果没有良好的品行和职业素养，企业的生存和发展就会受到威胁。在企业生产经营过程中，企

业制定的内部控制制度需要企业的员工执行和遵守，并且，企业内部员工的品行和素养也是决定企业内部控制制度合理性和完成度的关键所在。一旦企业内部员工因为对自身岗位职责的疏忽，没有严格遵守企业内部控制制度，导致其所负责的工作出现纰漏，企业内部控制工作就会出现问题，进而导致企业承担巨大的财务风险。

（二）企业内部财务监管机制不健全

在企业内部，财务监管机制是由企业中的多个部门组合形成的。各部门之间相互制约、相互协调，保障企业内部财务监管机制得以顺利运行。但在实际中，大多数企业内部没有健全的财务监管机制，企业内部财务监管力度过小，导致企业内部监管机制形同虚设。这一问题主要集中在以下两个部门。

第一，业务部门。在我国，企业占据市场主导地位，将业务部门员工的收入与其业务能力相联系，使员工重量不重质，忽视了财务风险的存在。这种有缺陷的奖励机制，往往使员工为了提升个人的业绩和收入而盲目扩大销售，忽视了可能会造成的财务损失，使企业在资金的再利用方面出现问题，进一步造成企业的坏账数量增加，形成严重的财务风险。

第二，财务部门。在我国企业内部，财务部门经常会存在财务系统权限设置混乱，财务审批程序缺陷，财务各流程的控制制度不合理，财务人员对工作执行不到位、对制度不落实等问题。并且，一些财务人员由于对其工作岗位缺乏认识，简单地认为其工作只是对凭证和单据进行机械式的统计，很难发现在其所负责的工作领域中存在的财务问题。即使财务人员发现了问题，但由于缺乏对凭证和单据所涉及业务的了解，也无法及时地向企业内部的有关部门进行汇报。这些问题的存在导致企业内部对于可能存在风险的项目不能及时有效地处理，延误了管理层修正决策的时机，导致企业内部财务风险的加大。

（三）企业内部财务风险评估不足

在我国企业中，企业内部对于财务风险评估不足，主要表现在以下两个方面。

第一，公司层面对于财务风险评估的不足。一些企业内部的管理者在制定管理目标和规划企业未来时，完全按照自己的主观想法进行，缺乏与企业下属部门及员工的信息交流和沟通，导致各部门之间不能通力合作。对于制定的企业管理目标和未来规划，企业管理者也没有运用有效的手段和方法及时传达给员工，即使传达给了企业员工，也因为企业员工无法充分理解管理者的真实目的和想法，导致企业的战略目标无法实现。同时，企业的管理者在决策时，受到主观思想的影响，不能及时发现其中真正存在的问题，找不到调动员工积极性、提高员工工作效率的合理办法。另外，如果管理者制定的目标不适合企业现阶段的发展需求，也会导致新的目标很难在员工的实际工作中得到落实。

第二，业务部门对于财务风险的评估不足。在企业管理者对企业未来发展制定目标的前提下，业务部门也同样对本部门的工作制定了目标。但有时目标制定过于局限，没有站在促使企业长期健康发展的战略高度。同时，在制定目标的过程中，有些人不结合实际，过度地追求业绩，对于短期内取得的成绩沾沾自喜，好大喜功，缺乏谨慎性。有些人在业务活动开展后，对于已经制定的目标还会进行修改，这对于业务活动的开展十分不利。有时业务部门制定的业务目标缺少方案，在执行过程中，没有计划性地进行工作，缺乏具体的工作步骤，没有合理的目标完成周期，没有对风险和业务的评估。另外，有的业务部门内的员工之间缺乏团队合作意识，对项目的考察、评估和监测缺乏科学合理的工作计划。而企业的管理层对于项目开展缺乏政策和资金的支持，导致业务活动的开展举步维艰，投入的资金无法及时收回，致使企业面临较大的财务风险。

二、我国企业财务风险控制问题产生的原因

在企业生产经营过程中发生的财务风险，除了会受到复杂多变的外部原因影响之外，还与企业内部对财务风险的认识、评估，制定的控制措施，应对风险的能力等有着密不可分的联系。企业的经营战略在很大程度上会影响企业的生产经营活动、投资资金分配等，若在上述因素中出现了非常大的失误，也会致使企业面对更大的财务风险。

（一）企业管理层风险意识不足

如果企业管理层水平不高，会导致其在决策过程中风险意识不足，缺乏对风险的警惕性，在决策时过于盲目地进行决策，导致企业财务管理存在安全隐患，这必然会导致企业在经营活动中承担巨大的财务风险。企业管理者应该建立完善的决策机制和财务风险控制机制，增强财务风险意识，以有效避免损失。

目前，我国的企业存在一些问题：董事会、监事会和管理层的"三权分立"原则未得到贯彻，相互之间的权利掺杂，没有形成有效的制约。董事会没有起到引导作用，监事会监管能力弱，缺少行之有效的监督和制约。这就使企业及投资者利益受到侵害。这需要企业加强法人治理，增强防范意识，形成董事会、监事会和管理层"三权分立"的模式，防止因人为因素或监管体制的不完善，增加财务风险。

（二）投资项目财务风险过高

在企业经营过程中，投资决策非常重要，关系到企业未来的发展。投资决策主要是指对内与对外的投资。在对内投资中，企业主要投资自身资产，往往缺乏精密的分析和研究，再加上企业决策者的管理水平较低，对投资所需的信息了解不够全面和精准，从而导致企业的投资决策失误频频，其所投资的项目无法达到预期的目标，引起财务风险。在对外投资中，企业的投资者对所投资项目的风险意识不足，盲目投资，导致企业的财务损失严重，财务风险形成。

无论是对内投资还是对外投资，我国企业的投资决策者经常会在投资前凭主观经验进行投资分析，极少建立科学的决策机制，对所投资的项目没有收集足够真实可靠的信息，未能进行科学系统的分析研究。在投资过程中，投资决策者对出现的许多不确定性因素也没有合理地预测和防范，使投资预期收益的实现和投资成本的回收都出现了问题，最终导致企业投资失败。

三、加强我国企业财务风险控制的有效措施

目前，在我国市场经济的大环境下，企业财务风险是必然会出现的。由于企业内部各种机制不健全，企业难以避免财务风险。只有强化企业内部财务风险意识，才能避免可能发生的财务风险。企业加强财务风险控制，对于企业改善内部财务状况、优化资本结构、制定科学合理的投资决策，以及决策者制定完善的控制方法、提供有效的控制措施和有价值的信息、预测市场发展动向和经济状况，具有十分重要的作用。

（一）强化企业内部财务风险意识

在市场经济环境中，企业是市场的主体，这就决定了企业要有很好的风险意识。企业所处的市场状态决定了其在银行的信用评级。企业对于资金回收和管理的能力，国际市场上利率的变动，企业的财务状况、偿债能力、筹资环境等因素，都会改变企业所面临的财务风险。如果企业缺乏市场适应能力，不能清楚地认识到财务风险，将会加大企业所面临的财务风险，影响企业未来的生存和发展。

财务风险影响企业内部发展的各个环节。企业只有不断提升抵抗风险的能力，增强防范财务风险的意识，准确预测和把控市场，才能在市场经济环境中做大做强，也能更好地预测、防范和控制风险。

（二）提高企业内部管理和决策水平

1. 提高企业管理层的素质

企业的形象取决于企业管理层的素质，企业管理层也对企业如何更好地生存和发展起到了不可忽视的作用。作为企业管理层，要学习先进的企业管理方法，对于企业内部的财务程序和财务管理制度要了如指掌，能够及时地发现企业财务管理中存在的纰漏和不足。

企业管理层在日常的管理工作中，要做到科学规范地区分决策的重要程度，对于工作的重点要有明确的划分，不能存在一人多管的情况。企业管理层应该区分责任、分级管理。同时，企业管理层应该增强自身的决策、计划、分析等能力，提高自身素质，对于财务工作中重点的指标、财务数据，要有独立分析和总结的能力。

2. 提高企业内部员工的素质

在企业内部，提高企业员工素质最有效的方法就是建立健全企业的培训机制，这样才能合理有效地形成良好的企业文化。企业建立的培训机制要符合企业自身发展的特点，同时，要有计划性和目的性地培训企业的员工，不断改善企业的形象，丰富企业的内涵。任何一个企业，只有依靠企业全体员工的共同努力，才能改变企业的不良状况，完善企业的财务管理体制，使企业规避财务风险，提高企业的竞争力。

（三）建立企业内部财务风险预警机制

企业可以通过建立财务预警机制来实现其内部审计制度的完善。为实现既定目标，企业要科学有效地对决策进行全方位的评估，并采取相应的策略。这需要企业建立完善的、有效的风险评估系统，对企业要进行的项目或企业内部的财务活动进行风险评估并实施预警措施，防范企业在经营管理过程中潜在的财务风险。在危机出现前，系统要对企业的各部门进行预警。为使企业管理层及时发现、规避风险，系统可以向企业管理层提出可行的建议，监督其采取合理的方法来应对风险，避免财务风险给企业带来重大的损失。

第四节　纳税筹划中的企业财务风险控制

随着我国市场经济体制的日益完善，企业税务风险也突出表现出来。一般企业 30% 以上的收益要通过纳税上缴地方和国家财政，但作为财务管理中的重要内容，一些中小企业对于纳税环节的管理还较为薄弱，这就为企业带来了较大的税务风险。因此，实时跟进税制改革、掌握税法及相关的知识和信息，通过科学的纳税筹划，合理降低税赋及税务风险，提高企业财务管理水平，是企业管理者的必修课。本节据此提出纳税筹划中财务风险控制的一些观点。

一、纳税筹划的重要性

纳税筹划是企业财务管理的重要内容，是在不违反税法并符合税收政策的前提下，对企业纳税环节的加强管理。通过纳税筹划，可使企业节约资金、提高效益，并降低财务风险中的税收风险，同时发挥税收杠杆的调节作用。因此，纳税筹划对以盈利最大化为目标的市场经济中的企业尤其重要。

第一，节约资金。筹资、投资、营运资金是财务管理的重要内容，现金的重要性是任何企业都明白的。在企业的持续发展过程中，成本和税金是资金耗用最大的两个方面。成功进行纳税筹划，减少税赋支出，就实实在在地为企业节省了现金流，相对增加了资金来源，同时减少了融资成本。在企业目标的实现方面，其作用有时比增加收入形成利润更直接、更高效。

第二，提高企业综合管理水平。纳税筹划是一项系统工程，大的方面涉及企业战略规划、投资、建设、运营，甚至破产清算，小的方面涉及企业基本运营环节、成本收入管理和个人薪酬控制等。科学的纳税筹划，必定是建立在系统的规划、核算和财务管理的基础上，且由专业人员动态管理完成的。这一过程本身就是企业自我修正和管理提升的过程。

第三，利于企业财务管理目标的实现。通过成功的税务筹划，从上至下，先谋后动，企业加强了对于业务流程的管控和财务目标的制定、实施，可以在外部环境不变的情况下，更好地实现财务管理的目标和发挥其竞争优势。此外，在税收筹划下的企业重组并购和业务流程再造，能促进企业优势互补，以使其迅速走上规模经营之路，实现利润最大化。这也是实现企业财务管理最终目标的有效途径。

二、纳税筹划产生财务风险的主要原因

纳税筹划对企业发展的好处显而易见，但其在实施过程中也存在风险，主要原因有以下几个方面。

第一，征税与纳税的目标不完全一致。从国家宏观经济的角度来看，税收是国家治理的基石，税制改革直接关系到国家治理体系和治理能力的现代化。《中华人民共和国宪法》规定：中华人民共和国公民有依法纳税的义务。这表

明我国税收具有强制性、无偿性、固定性的特点，依法纳税是企业的基本义务。所以一切不按税法要求的缴税行为，都是征税者所不允许的，也必将受到不同程度的处罚，这里包括有意的或无意的行为。而从纳税者角度上讲，资金、成本和利润是企业经营管理和会计管理的三要素。减少资金投入、降低成本、实现利润最大化，是企业追求的目标。所以，税收筹划必将成为企业理财活动的一个重要领域，是使企业整体利益最大化的一种手段。其最终目标是降低税赋，减少资金支出。这初始的原动力与国家税收强制性产生差异，服务直接主体不同，目标不完全一致，必然会形成财务风险。

第二，政策理解的不准确和逐利的侥幸心理。企业在实际纳税的过程中，经常会发生会计确认与税法确认不一致的现象。这种不一致性为企业带来的损失一般可以分为两种：一种是未按照税收政策的规定足额纳税，这会导致企业面临被罚款、被征收滞纳金甚至承担法律责任及声誉受损等损失；另一种是因为没有充分理解并运用税收优惠政策，企业面临着较高的税负，这种不必要的财务成本也是一种损失。财务人员专业技能不强、政策掌握不准，甚至因利益驱动而故意忽视风险、心存侥幸等都是导致不一致性的因素。

第三，财务人员业务水平的不适应。税制的改革，必然产生税务与会计的衔接问题。历年的税务检查，出现问题比较多的，也正是改制后的一段时间。而这种不适应性体现在财务人员自身与外部环境两个方面：一方面，会计制度的变革、税法的修订，对于财务人员的专业学习能力提出了较高的要求，如果其专业技能不强，不具有快速领会新的会计准则、税法的能力和与时俱进的意识，财务人员就有可能无法适应未来的财务工作，特别是纳税筹划的相关工作；另一方面，大数据时代下"金税三期"的开通，使税务部门通过信息化手段实现了国地税之间、各地税务机关之间增值税发票信息和数据的共享与互通，在这一背景下，监管部门可以利用更有效的工具对企业的纳税情况进行监管，更严格的税务监管环境势必会为企业带来更大的涉税财务风险。

三、纳税筹划的财务风险控制

一是坚持合法性原则。市场经济条件下的企业以获得利益为最终目标，但是企业的经营行为必须在合法的前提之下。企业的经营者也应该将企业的目标与国家的税收目标相统一起来，在制定企业财务目标的时候将税收层面充分纳入筹划。否则，企业非但不能获得最大收益，反而会承受损失甚至会因违反法律而被迫破产清算。避税、减税虽然与偷税、漏税仅一字之差，但是带来的结果却是完全不同的。虽然在纳税筹划中二者之间并不存在一个明确的界限，但是在实际操作中坚持符合税法及相关政策的规定，就会降低税收筹划所带来的财务风险，并为企业带来持续的收益。

二是加强财务人员的管理。针对财务人员业务技能不强、业务水平不适应新的制度及准则的情况，企业可以将相关内容作为雇用财务人员的考核标准，并对其定期进行业务技能培训、考核等，同时设置税务管理专门岗位，配备税务师等人员，加强财务人员的专业技能和适应新的税法及准则的能力培养。同时，针对少部分因为利益而不按照税法准则要求处理业务的员工，企业可以制定更为详细、严格的内部控制制度，确保人员按照企业的规章制度处理业务，降低纳税筹划过程中不必要的财务风险。

三是避免过度筹划，坚持成本效益原则。纳税筹划的成本包括实际成本、机会成本和风险成本。在有些情况下，虽然某种纳税筹划方案理论上可以降低实际成本，但有可能使企业承担更多的机会成本、风险成本。最简单的例子就是企业过度的纳税筹划，造成偷税、漏税，使企业承担的风险成本远高于其节约的实际成本，得不偿失。因此，企业在制定实际的纳税筹划策略时要综合考虑是否给企业带来绝对的利益。这就要求决策者站在企业整体利益的角度上来评价纳税筹划策略，避免舍本逐末的纳税筹划行为。

四是加强发票管理。在财务管理中，现金为王；在税务管理中，发票为王。在我国，发票在财务核算和税务审核中发挥着不可或缺的作用，合法取得和开具发票成为纳税链条中最重要一环，90%以上的纳税风险都发生在发票环节。特别是在"营改增"后，增值税发票的作用更是达到前所未有的程度。同时国家通过"金税三期"工程也加大了对增值税发票的管控力度。发票作为企业纳税的重要凭证，只有经过妥善的保管、准确的取得、严格的开具等多道程序，才能确保企业按照税法的要求正确纳税。脱离了发票，企业的纳税管理也会变得混乱无序并最终会承担较高的风险成本。

总之，纳税筹划是企业必须为之的管理行为，但如何筹划却是科学严谨的财务行为，降低风险、取得实效是纳税筹划的最终目标。

第五节　互联网企业财务风险控制

互联网经济已经成为当前全球经济的重要组成部分，互联网企业在互联网经济的发展过程中做出了重要贡献。随着全球化经济进程的加快，互联网企业面临着国内外竞争压力不断加大的环境。互联网企业要想保持竞争优势必须加强管理，而企业管理中有一项重要内容就是财务风险管理。互联网企业的财务工作有其特殊性，与企业的盈利模式、筹资、投资方式等具体工作密切相关。因此，互联网企业的财务风险控制也必须从这些方面入手，建立财务风险管控机制，加强各项财务活动的风险管理。

一、互联网企业的特点

互联网在刚开始发展时主要以一种工具的形式参与到企业发展中。但是，互联网的迅速发展使其不断渗透到各行各业，并逐渐独立出来，形成了一种独立的企业发展形式，即互联网企业。互联网企业就是利用互联网平台提供各类服务，以此获得经济利益的企业。在互联网企业的发展过程中，我国抓住了机遇，因此，当前我国的互联网企业数量众多。从其发展特征来看，互联网企业以互联网为发展平台，服务对象众多，创新能力强，重视客户体验与互动，且工作效率高，财富积累的速度也很快。从其发展形势来看，当前我国的互联网企业还处于成长期，在向成熟期过渡的过程中，它们会面临各种财务风险。

二、互联网企业的财务风险分析

财务风险是由于企业财务意识淡薄，不按照财务规范进行经营管理，由此导致企业的经营模式、资本结构等不合理，财务状况不稳定，增加了风险存在的可能性。互联网企业的财务风险按照其财务活动内容主要划分为盈利模式风险、筹资与投资风险、政府监督风险等。企业财务风险无法完全避免，只能通过采取有效管控手段来不断降低风险。

第一，盈利模式风险。互联网企业有收费与免费两种盈利模式，收费的盈利模式又包括直接收费与间接收费两种。免费的各种软件有很多，像各种门户网站、360杀毒软件、微博等。电脑和手机上的各种游戏就是直接收费的，其收费方式有虚拟道具、游戏点卡等，而腾讯会员、爱奇艺会员等基本服务是间接收费的。不管是免费还是收费的模式都存在财务风险。收费模式以客户体验盈利，如果客户体验度下降，客户对服务的满意度不高，导致客户流失量太大，盈利额就会下降，就有可能引发财务风险。免费的盈利模式一般在前期免费，吸引大量客户，然后依靠后期收费、广告费、推出系列产品等形式进行收费。如果一直免费，当然无法获得经济利益。但是由免费到收费客户一般不易接受，很容易引发财务风险。

第二，筹资风险。互联网企业的资产以无形资产为主，上市公司以股价的形式估算无形资产，规模较小的互联网企业无形资产很难估算，导致互联网企业无法获得较广阔的融资渠道，很多企业因此而选择风险投资或众筹融资。这些方式不仅会增加企业的财务风险,还有可能稀释企业自身的股权,也有可能使企业管理者无法有效掌控企业,对互联网企业发展非常不利,必须时刻警惕。另外,互联网企业由于固定资产非常少,资产负债率高,投资者对其缺乏信任。如果不能及时获得投资资金,企业出现资金链断裂的现象就无法避免,也就无法实现有效经营。

第三,投资风险。互联网企业要想发展,就需要吸引更多客户,占有更大的市场份额,需要不断进行投资。一般在投资前期,互联网企业都会处于亏损状态,这是互联网企业抢占市场份额的主要方式。一旦其占有了较大的市场份额,企业的后续产品与服务继续跟上,开始收费经营,企业就会快速获得利润。但是在前期投资中企业面临的风险很大,如果后续产品跟不上或者被其他企业抢先,企业就会面临巨大的财务风险。当前,很多互联网企业都面临着投资风险,也有一些企业的投资无法与收入形成正比,这也是投资风险产生的重要原因。

第四,政府监督风险。互联网企业发展快速且数量众多,政府的监督管理机制与相关的法律法规还无法与互联网企业的发展速度同步,企业的发展缺乏规范性就会影响到互联网企业风险的防范与管控。政府监督机制的不到位导致互联网企业的发展环境受到影响,我国整个互联网企业的发展就难以走上健康发展、良性竞争的道路,企业在国际竞争中也会面临更大的风险。

三、互联网企业控制财务风险的有效对策

互联网企业虽然蓬勃发展,企业虽然在全球化的大背景下具有很多发展机遇,但是从近年来的发展情况来看,很多互联网企业的发展情况不容乐观。这主要是因为企业管理能力不足,有很多企业更是由于财务风险管控不够,使自己陷入了财务危机,从而无法得到发展。为了提高互联网企业的财务风险控制意识与能力,互联网企业需要拓展投资与筹资渠道,保证经营现金流量的有效获取,降低成本结构方面的风险,优化企业盈利模式,提高财务风险管控能力。

首先,拓展筹资与投资渠道。投资与筹资风险是互联网企业面临的重要资产结构风险,为了提高企业的风险控制能力,企业需要拓展投资与筹资渠道,以更多的渠道分散财务风险,从而达到降低财务风险的目的。我国政府在这方面为了鼓励创业,推出了一系列的优惠政策。互联网企业可以利用这些政策,积极开展研发创新活动,推出创新产品,扩大投资与筹资范围,如利用低息贷款等政策。当前市场上很多投资者也越来越重视互联网企业及其产品,互联网企业也要抓住这些机遇,积极与市场上的投资者联系,寻求拓展筹资渠道的

方式。

其次，保证经营现金流量的有效获取。互联网企业要想取得长远发展就必须保证现金流量渠道的畅通。互联网企业在产品投资前期需要大量资金的支持，因此，企业必须能够保证经营现金流量的有效获取。在推出新产品时，如果市场上新进入的同类产品较多，企业就需要及时更新盈利产品，最先进入市场才能获得较大权利。如果不同企业的产品相似程度较高，在市场上不能尽早占领市场份额，也就无法及时获得经济利润，就不能保证企业有效获取现金流量，企业就可能出现资金链断裂的问题。因此，互联网企业必须特别注重研发创新，同时要密切关注市场上的信息，一旦出现同类产品，就要更新产品或开发新产品，以避免资源的浪费。同时，企业还要注重同时开发多种产品，一旦某一产品推出市场的速度太慢，无法获得较大利润，就需要推出其他产品来获利。另外，互联网企业还要对自身的实际情况有一个准确、全面的把握，企业必须了解自身的优势与不足，积极利用企业资源发挥自身长处，在市场竞争中保持并不断提升自身的竞争力。

再次，降低成本结构方面的风险。互联网企业的成本结构风险主要表现在研发投入、人才流失与销售费用等方面。互联网企业的发展离不开优秀的研发人才，他们是企业发展的核心，如果企业的研发人才不足，企业就无法获得更多的创新产品，其发展就会受阻。因此，企业需要根据其发展情况与人才的能力，为研发人员提供上升的渠道，提高薪酬，并不断改善研发人员的工作环境，为研发人员提供较好的研发环境。同时，企业要把大量资金投入研发领域，如果企业研发资金不足，还可以通过合理的融资渠道获得融资，为研发工作提供资金保障。销售费用也是互联网企业的主要费用，特别是在企业发展的初级阶段，其需要大量的销售费用来扩大市场份额。但是，企业要对销售费用进行合理规划，不能盲目投入，避免企业资金的浪费。

最后，优化盈利模式。互联网企业的盈利模式比较单一，如果其不能积极创新优化盈利模式，就不能跟上市场经济发展的步伐，企业财务风险发生的可能性就会增加。企业可以把当前常用的广告盈利方式与收费盈利方式结合在一起，而不是两者单一进行。这两种方式各有优缺点，如果结合在一起可以起到互补的作用。收费盈利方式可以使企业获取更多的现金流量，广告盈利方式则可以提高企业的市场占有率。

第六节　中外合资企业财务风险控制

随着我国改革开放的不断深入，中外合资企业规模日益扩大，为我国经济发展贡献了巨大的力量。合资企业具有特殊的资本构成形式，因而在经营上相对于独资企业具有更多的风险性。为了更好地防范中外合资企业在经营管理上面临的潜在风险，进行必要的财务风险控制，是合资企业风险管理的重要工作。本节通过分析和探讨中外合资企业在财务风险方面的控制与管理措施，以期找到科学方案，更好地防范企业面对的各类财务风险。

一、中外合资企业的财务风险分析

第一，中外合资企业的现金风险。

现金风险主要指的是企业由于在现金管理方面出现问题，导致现金流动能力不足而给企业造成资金短缺、经营受阻、资金链断裂等方面的风险。因合资企业的现金流动在流入与流出方面具有相互的内在影响作用。因而在现金流入上出现了问题，必然就会造成现金流出无法保障，而这会导致企业需要依靠现金进行运作的一系列采购与生产活动难以开展，从而影响企业正常的经营秩序。这样还会导致企业现金的流入量进一步减少，从而引发恶性循环，造成企业面临严重的资金周转问题、资金链断裂的风险。

第二，中外合资企业的营运风险。

合资企业的日常运营过程主要可以分为三个环节，分别是供应、生产与销售。在供应环节上，企业通过进行资源采购，购置用于生产所必需的各类原材料，其通过支出现金，获得原材料。而在生产环节上，随着企业生产活动的开展实施，原材料通过企业投入的人力与设备进行加工而形成产品。在市场销售环节上，企业通过实施商品销售，把生产出来的商品卖给消费者，从而获得收入。这样形成一个现金资产跟货物资产的流动转化过程。在这一过程中，所有的环节先后联系，具有相互之间的逻辑关系，其中任何一个环节出现问题，都有可能导致整个循环的正常运作受到影响，从而导致企业面临营运风险。

从货币资产到原材料再到产品并最终实现销售收入，这一过程中，主要的风险集中在资产由现金向实物、再由实物回到现金的转化中。这一过程跟上面的过程一样，都是环环相扣的。各个环节之间是严密的先后关联的循环系统，其中任何一个环节出现问题，都会影响到后续环节的正常运作。因而，其风险主要蕴含于运营过程中，生产问题或销售不畅、原材料购进不及时等，都有可能造成整个循环受阻而导致企业面临财务风险。

第三，中外合资企业的盈利风险。

盈利风险主要指的是企业受到各类因素的影响，而在一段时间内出现盈利水平下降，从而造成收入减少，财务状况不理想，使企业面临财务危机的风险。本节主要以合资企业的对内投资为切入点，探讨其投资活动有可能面临的各个方面的风险因素。这主要可以概括为以下几点。其一，企业的市场消费需求缩减，导致产品销量缩减，从而造成销售收入降低，利润减少。其二，市场消费量缩减导致企业产品销量减少，造成企业产能过剩，出现固定资产闲置，造成单位管理成本上升，最终使企业的盈利水平下降。其三，进出口业务汇率变动对合资企业将产生较大影响。另外，中国与国际上的核算准则差异性也会对合资企业盈利产生一定的影响。

第四，中外合资企业的偿债风险。

如果企业无法及时有效地安排资金，偿还债务，就会面临到期无法偿债的风险，导致此类风险发生的路径主要有以下几点。其一，企业依据自身的投资需要，进行短期借债，把资金投入长期投资活动中，因而导致其难以在有效期内实现投资回收，使其难以如期偿还借债，出现偿债风险。如果企业以短期负债的形式进行融资，企业融资难度较低，因而就能够获得更多的资金，但如果企业在资金管理上不注重对融资性质的关注与投资期限的管理，把短期融资筹集到的资金用于长期投资，则债务到期时投资无法收回，就会出现企业难以偿还到期债务的问题，给企业带来偿债风险。其二，企业出于投资需要，通过长期借债而获得资金，并将其用于资产投资活动中，不过因新的投资项目经营效果未达到预期目标，造成难以如期实现投资回笼，从而造成企业难以如期还本付息。其三，企业出于投资目的进行权益融资，而预期权益资金的使用效果不理想，导致投资报酬率无法达到预期目标，或企业投资的股票行情下跌，造成企业资金损失，使其无法及时偿还到期债务。

二、中外合资企业的财务风险控制策略

第一，形成共同的财务管理目标。财务管理也应以合资企业的价值最大化为目标，以企业价值的提升来维护双方股东的权益。例如，S公司在合资初期，合资双方制定了企业发展战略目标并起草了商业计划书，取得了合资初期的良好业绩。随着合资进程的发展，合资双方母公司也进入了新的发展阶段，对合资企业产生了不同的利益期望，导致S公司的战略目标不再清晰，双方管理人员经常为维护各自股东的利益而产生矛盾，影响了企业的可持续发展。中方公

司财务领导意识到，没有清晰的企业战略目标将影响财务管理目标的贯彻，从而会使企业收益即投资双方收益受损。其向母公司反映了这一状况。母公司领导通过与外方高层沟通、董事会协商，双方本着"合作共赢"的原则，共同分析行业发展趋势，兼顾双方利益需求，滚动修订企业战略，形成了融合各方股东意志、有利于提高合资企业竞争能力的目标和规划。S公司还要根据战略目标对经营和财务目标进行层层分解，从而使各层面的中外方管理人员，围绕相同的目标协同工作，减少具体工作过程中的逆向行为。

第二，形成相容性的财务管理模式。共同控制的合资企业，依靠"斗争"来维护各自权益是很难取得良好效果的。中外方管理人员要注重加强交流、增进互信，了解对方所在国家的文化习俗和思维习惯，相互包容、求同存异，在合作中维护各方权益。在财务管理模式上，中外方都不宜坚持将己方的模式移植到合资企业上，而反对另一方的模式，应该吸取双方的长处，形成兼容而有效的企业财务管理模式。

第三，中外双方争取更大的信任度。中方财务与法务人员更熟悉我国的相关法规，能更快地、更多地掌握相关信息，并能与政府机关保持良好的沟通，理应在保证合资企业合法经营的前提下，争取更多国家给予合资企业和外方投资者的政策优惠。中方在主动争取合资企业和外方投资者利益的过程中，也会增加外方对中方的信任度。S公司财务管理层应主动向政府申请对合资企业的扶持政策。另外，S公司的外方与中方应在以后的工作过程中更多地考虑双方的需求，增加互相的理解和配合。

第四，加强双方财务交流。S公司推行了定期的人员交流方案，实现了双方财务人员的互相交流培训。这样双方财务人员可以及时且充分了解对方的财务管理思维和财务管理模式，减少双方财务人员因背景差异而产生的沟通问题，同时学习对方管理的长处，取长补短，逐步达成共识。

第五，满足母公司财务报告要求。虽然合资企业都有义务向母公司提供相关信息，但由于两地证券交易所要求披露的信息内容有所不同，双方又缺乏对对方上市规则的了解，就容易造成信息提供时的误解和阻力。通过双方法律部门的充分沟通，彼此了解对方的客观需求，企业各相关部门本着公平、对等和相互尊重的原则，便可同时满足双方信息披露的要求，化解矛盾。在双方交流互信的基础上，合资企业双方财务人员可共同构建各取所长的财务管理模式。

第六，形成符合企业实际的财务管理方法。有了理念上的趋同和财务管理模式的总体意识，还需要有规范的财务管理制度和处理财务事项的明确流程、方法工具。一方面可以提高企业财务管理的效能；另一方面可以在实际工作中约束相关人员的行为，减少因思维方式差异而产生的矛盾，确保企业的决策得到执行。

第七，参与制度的修订及完善。S 公司中方财务负责人要积极参与财务管理制度的修订，设置有效的财务控制流程。在制度制定过程中，要坚持以公司章程为准绳，以双方达成一致的财务管理模式为框架，结合公司已有制度和业务发展需要，构建适合本公司实际的制度体系，并在执行的过程中不断更新完善。在流程设置过程中，要坚持与制度紧密衔接，既保证重大事项最终由董事会审定，又根据董事会的授权，简化一般事项的审批流程，提高财务管理效率。修订后的财务管理制度经董事会讨论批准，统一双方意见，作为双方管理人员处理日常事务的标准。

第八，推行全面预算管理。全面预算管理制度的推行，可进一步推动双方的经营目标在董事会达成共识，使双方管理人员的精力共同集中于完成董事会下达的预算目标。财务部门可加强对预算全过程的分析控制，对企业销售、采购等方面存在的问题和风险及时进行预警，向各部门及时反馈信息并提供对策建议，努力以年度预算目标的完成促进公司战略目标的实现。

第九，借助外部力量加强风险管控。共同控制合资企业的一些风险点，往往涉及外方的利益，如外方的关联交易、转移定价、关联企业的应收账款等。对于企业财务部门揭示的问题，外方很可能视而不见。为避免中方管理人员与外方管理人员直接冲突，企业可以聘请知名会计师事务所对企业进行独立财务及内控审计，得出具有权威性的专业意见。如有涉及股东利益的重大问题应提交董事会协商解决。

第三章　企业财务风险管理与内控

第一节　企业财务风险管理内控体系

在现代化的企业中，建立内控体系是企业管理中的重要步骤，此项任务已经得到越来越多企业管理人员的重视。随着社会的不断发展，经济的迅速增长，科学技术的不断进步，市场经济在不断变化，企业管理工作也在逐渐改革。同时，企业的财务风险问题也随之而来。在新时期企业的发展过程中，企业要在财务风险管理的基础上构建规范、合理的内控体系，避免企业在财务运行管理过程中出现不良问题，阻碍企业在未来市场上的发展。因此，企业需要建立合理的内控体系，一方面避免企业财务风险的产生，另一方面促进企业的可持续健康发展。

在新时期，企业经营管理过程中对于内控提出了更严格的要求，内控体系的构建也因此引起了企业管理层的高度重视。面对激烈的市场竞争，企业财务管理面临着各种各样的风险和隐患，如果不能进行有效应对和处理，必然会对企业的长远健康发展产生影响。企业应该从财务风险管理的角度，做好内控体系的建设和完善。

一、财务风险管理环境下企业内控体系存在的主要问题

（一）内控体系不够完善

很多企业已经根据其自身的实际状况建立了内控体系，但是内控体系不够完整、不够全面，影响企业的正常发展。尤其是在企业资金链运作方面，一些企业没有针对相应的资金应用做出预算，缺少对企业资金合理的安排，没有针对资金缺口做出相应的调整，没有对资金的使用情况进行正确的监督。因此，很多企业所创建的内控体系还存在着许多的不足，这些不足使企业内控工作无

法顺利地应用在企业财务管理工作中，无法给企业的财务管理工作提供保障。

（二）未建立信息公开制度

当前，财务信息的精准程度将直接影响着财务风险的发生概率。其原因是许多企业没有成立专门的财务信息整合机制，缺少预算管理体制、成本管理体制，导致企业的财务管理工作无法顺利开展下去，财务风险发生的概率也会大大提高，甚至有些财务管理工作人员为了赢取更多自身的利益，经常对财务信息进行不合理的修改，导致财务信息的错误率增加。因此，企业在执行管理制度时受到阻碍，企业的管理工作就无法顺利进行下去。

（三）未建立审计体制

目前，企业大多数的部门在进行工作时，没有建立相应的审计体制，导致企业管理部门的各项工作存在着诸多不足。审计体制没有得到完善，企业在利用内控体系时，没有建立相应的促进企业进步的制度，因此内控体系无法发挥其有效作用。企业在财务风险管理工作中出现的漏洞不能得以及时补救，阻碍了企业风险管理工作的开展。

二、基于财务风险管理的企业内控体系构建

（一）完善内控管理体系

企业在债务融资过程中，如果出现无法还债的情况，很容易导致融资风险。企业的生产投资规模扩大，可能导致其资金链断裂，资金无法回收造成企业破产倒闭。所以必须对企业的筹资风险进行严格管理，制定科学合理的章程，对企业的财务资金加以规范化管理，确保企业的资本结构和债务情况得到有效规划，并且积极解决财务审计当中存在的不足，使企业的资金管理质量和水平得到有效增强。企业在进行财务资金运行管理统计时，必须严格按照相关的规范标准进行监督，如对一些竞争实力强的企业来说，往往会选择投资其他行业，这样就会涉及大量的资金占用，所以很容易存在报销账目不及时的问题。因此，企业在财务管理审核时，必须要加强对内部环境的审核，通过适当的风险评估，保证企业信息沟通的效率，完善企业监督管理的机制。

（二）财务内控收益风险监督

目前许多企业在利益分配方面极不平衡，这样会导致企业财务风险明显加大，所以为了确保股东自身的需求符合实际，避免企业在财务管理过程中存在资金分配不足、不均衡的情况，企业必须要对其内部资金流动的实际情况进行

全面的分析，并且对利润进行二次分配，确保企业内部利益的分配更加完善，避免股价波动的情况发生。而且企业还应该成立专门的收益分配部门，结合企业自身的实际情况以及未来的发展趋势，对企业内部的资金分配进行科学合理的定制，确保企业内控的整体质量和水平。

（三）开展科学的风控活动

企业在财务风险管理的过程中，必须要从多个方面、多个角度对其内部风险问题进行深入的分析和探究，保证企业财务风险以及企业的经营管理活动得到有效增强。在科学财务风险制度控制与管理的进程中，企业必须要加强对业务风险的有效控制，通过规章制度的制定等方面对企业财务风险进行全面的防控，以保证企业的管理质量和管理水平得到全面提升，也能够提升企业风险控制的整体效果。企业要采取相应的管理控制活动，针对重要的岗位开展职务岗位分离控制、营运分析控制和考核评价控制等具体的措施。企业要加强财务信息的沟通和管理，企业的经营管理者在对企业经营管理的过程中必须要确保信息的真实性和准确性，所以通过完善的信息沟通机制，能够促使企业自身的决策管理质量得到明显提高，也能够保证企业的管理效率得到提高。企业在进行财务风险管理的同时，也应该完善对市场信息的搜集与整理，快速发现未来市场发展变化的具体趋势，帮助其经营管理水平得到有效提高，使企业发展的效果得到大幅度增强。及时获得相关的产业信息，可以为企业未来的经营决策战略提供更加科学合理的决策依据。由于企业的风险存在于各个环节之中，所以企业在风险管理的过程中也必须要全方位、多角度地进行有效落实。在财务风险控制的过程中，企业必须要保证财务风险管理贯穿于整个企业经营管理的全过程。

总而言之，在市场经济条件下，企业面临着新的竞争环境，对于财务风险管理提出了更加严格的要求，必须构建完善的财务风险内控体系来加强其对于财务风险的有效管控，增强内控的实际效果，提升企业社会经济效益，确保企业能够在激烈的市场竞争环境中，占据更加明显的优势。

第二节 企业财务风险管理内控体系建设

随着我国社会经济的快速发展，企业之间的竞争不断加剧，为增强自身的竞争实力，企业必须确保财务风险管理的质量和水平得到有效提升。我国财务管理发展时间比较短，所以企业的财务风险内控体系建设还存在许多不足，为此我们必须对企业内控体系进行深入研究，以保证企业财务风险管理质量和水平得到全面提升，促进企业经济长效发展。

一、企业财务风险管理内控体系的重要内容

一是财务风险。由于企业的风险来自多个方面，所以企业在不断发展的过程中必须全面分析财务管理中可能存在的风险因素，并严格分析非人为因素。这样才能够提高企业财务管理的质量和水平。如果企业不能够很好地处理财务风险，不仅会导致其经济效益受到影响，也无法改善其自身的运营管理效果。

二是内控管理。在企业开展内控管理活动时，需要确保企业自身的管理质量和管理效果得到同步提升，尤其是要充分地对企业发展的各项信息进行优化整合，通过科学合理的手段促进企业内部资源得到合理分配，所以内控是确保企业财务风险管理质量的主要途径。通过科学完善的内控体系还能够减少因秩序混乱而导致的众多失误。在企业内部管理的过程中，要促进各个部门之间加强信息沟通和交流，确保对信息进行实时传达，保证内控的作用得到充分发挥。

二、企业财务管理在新经济环境下的主要机遇

一是人民币升值。当前，我国综合国力增强，人民币的购买力逐渐增加，这样能够为企业财务管理提供重要支持。企业必须要以人民币升值的背景为契机，抓住机遇，加强高科技企业海外并购，并且将最先进的技术为我所用，来增强企业自身的竞争实力，促进我国企业的发展与国际市场接轨。

二是积极的财政政策。为保证社会经济的稳定增长，我国必须要对产业结构进行优化升级，所以在企业财务管理的过程中必须要确保市场环境的发展。在产业结构发展的过程中，必然会给企业的财务管理带来一系列的变革，也能够促进企业的经济发展环境不断改善。我国很多企业财务管理制度并不健全，还存在不正规的管理状态，尤其是用人不专等问题屡见不鲜。为此，企业在不断发展的过程中必须要积极寻求恰当的对策，保证财务系统的管理效率得到有效提升。

三、企业财务管理在新经济环境下面临的挑战

一是通货膨胀。通货膨胀能够导致企业的经营成本不断上升，而且随着人们购买力的逐渐下降，企业的发展会受到影响。尤其是如果膨胀速度加剧，成本不断上涨，很容易造成企业自身的经营利润严重萎缩，最终影响企业的发展。

二是货币政策。货币政策的调整导致货币的供给量减少，这样也就造成企业融资成本不断提高，很多中小企业由于自身的信贷问题，无法加强对企业的投资管理。尤其是随着企业的经营与生产成本不断增加，这样会造成企业的资金需求量过大，而且如果企业利息过高会导致其资金链断裂的风险加大，以至于影响企业经济效益。

第三节　基于内控的企业财务风险管理

内控是当前为适应市场经济环境新变化而提出的一项全新的管理思想，属于财务领域中重要的工作要素。在实际运营和发展的过程中，企业为保证自身运营环境的安全性，需要在具体执行财务工作的过程中加强对风险管理的重视，并以内控思想为前提构建完善的管理体系，从而为企业在市场环境中实现竞争实力的全面提升而奠定资金储备基础。鉴于此，本节主要就企业财务的具体风险表现形式，以及相关的管控措施展开分析，从而为企业全面提高财务工作水平提供重要的依据。

随着市场环境逐渐发生转变，企业的运营环境也有所转变，市场竞争压力逐渐增加，给企业的财务工作带来了显著的挑战，如何保证资金安全是企业在深入发展过程中必须要面对的问题之一。而内控思想是一种全新的战略思想，在控制财务风险方面具有重要作用和价值。因此，企业需要端正对内控思想的态度，并针对内部所存在的风险情况提出相关的解决措施，以构建良好的财务环境，提高企业的整体运营实力和发展水平。

一、企业财务风险的表现形式

财务风险是企业在内部运营环境中比较常见的一种风险类型，具体指企业在针对其内部资金进行管理的过程中，因为思想和具体操作行为不规范而诱发的一系列风险。因为财务工作相对比较复杂，所涉及的工作类型也比较多样，所以在风险的呈现上也具有一定的复杂性，风险体系具有较强的综合性特征。在通常情况下，财务风险具体包含筹资、投资、经营、资金链、应收款等各个环节的风险要素。一旦出现某一种或者多种风险，就会给企业内部的财务环境带来一定的威胁。这不仅会阻碍企业内部业务的顺利开展，甚至还会在一定程度上给企业的稳定运营造成不利影响。因此，企业需要高度重视风险管理，并在内控思想的支撑下，对相关的管理工作体系进行优化和完善。

二、基于内控的企业财务风险管理措施

第一，成立独立的内控部门。若想实现对财务风险的有效管理，企业需要对内控形成正确的认知，全面了解内控在整个企业环境建设和市场发展中所发挥的支撑作用。之后，企业根据自身的财务风险控制标准，以及未来的发展方向，制定良好的控制目标，本着全面控制的原则规范和制定内控战略方案。同时，企业需要成立专门的负责执行内控工作的部门，保证该部门的独立性、创新性，招聘或者选拔比较优秀的人员组建成专业性强的内控工作小组，对具体的工作职能进行明确和细化，保证职权范围以及具体的分工配置更加科学，从而为内控工作在风险管控领域的有效落实奠定条件基础。此外，企业强调内控部门与财务部门以及企业内部其他部门之间的有效沟通，就相关的财务信息进行传递与共享，从而为内控工作合理开展提供一定的信息支撑。

第二，加强预算和成本风险管控。在企业内部，预算和成本是财务工作的重要内容，同时也是风险多发的重要区域。因此，企业需要合理贯彻内控理念，重点从以下两个层面加强管控与监督。首先，树立科学、规范的管理意识，建立全过程管控思想观。针对企业业务开展、日常运营、业务拓展等各个方面需要的预算或者成本，进行战略性的统筹与分析，并制定出相应的参考方案，为企业领导者规范资金配置，正确做出战略决断提供一定的信息参考。其次，企业需要利用相关的统计方法和工具，对具体的预算或者成本数据进行综合性的分析。通过数据分析判断企业在预算和成本相关数据方面是否存在问题，并以此为依据适当调整预算方案，合理进行成本管控，从而保证内部资金配置和使用更加合理。

第三，加强财务工作的审计与监督。内控在企业内部财务部门所发挥的作用尤为突出，同时也在很大程度上影响着内部资金环境的安全，以及决定着资金链是否健全。财务工作的完成质量也是关乎企业内部风险控制的重要因素。因此，管理者需要本着内控的思想理念，针对具体的财务工作展开全面的审计与监督，建设科学稳定的财务工作环境。通过监督及时发现潜藏在财务工作环境中的风险隐患，其中包括人员的操作失误等诱发的各类风险，并根据企业的管理标准制定完善的监督体制，对于不合理的操作行为进行一定的处罚。同时，企业应定期对财务人员进行内部审计，避免一些工作人员利用职务之便挪用公款，全面保障企业内部财务环境的安全，为企业实现长久发展提供丰富的资金与资源储备。

第四，加强财务人员的综合素质建设。企业为了从根本上规避财务工作中

存在的风险问题，需要从人员储备层面着手加强财务人员的素质培训。首先，企业招聘环节需进行优化，对财务人员的工作理念、态度，战略性的思想认知，以及在财务处理工作方面所呈现的专业手段或者技术水平，进行全面性的考核，从而保证所引进的财务人员在各个方面的素质都能够满足内控条件下的工作岗位要求。同时，企业需要高度重视财务人员的素质培训与职业考核，从而强化财务人员在财务工作中所表现出的责任意识，提高其工作的专业性。

第五，积极引进现代化的工作体系。企业需要以内控为基准，重点加强内部财务工作体系的现代化建设与改革，以信息技术为载体构建智能化的工作体系，对财务数据进行智能统计与分析，引进先进的统计和会计核算软件，从而为财务人员高效精准地完成财务分析和战略统筹提供重要的平台和载体支撑。同时，现代化的管理体系能够实现财务数据的有效备份与安全存储，从而使企业在今后的运营和发展过程中，合理运用财务数据进行战略方案规范制定，为其提供一定的助力基础。此外，企业需要针对现代化工作创新要求，就内部工作人员的信息化专业技能、知识储备进行有效建设。

综上所述，内控理念在促进企业财务工作高效发展和稳定落实方面具有重要的支撑作用。因此，企业需要在当前严峻的市场竞争环境下，加强内控思想的深入贯彻，并以此为基准就企业内部在财务工作方面存在的风险进行针对性的管理，通过部门成立、成本控制、审计监督、人员储备以及系统更新等多种方法，构建良好的财务系统环境，促进企业的长远发展。

第四章　不同类型企业财务风险管理

第一节　创业企业财务风险管理

我国创业企业存续时间较短，部分原因在于很多创业者对企业风险认知不清，缺乏财务管理的经验。本节阐述了创业企业加强财务风险管理工作的必要性，对创业企业财务风险管理中存在的问题进行了分析，并提出了解决思路，以期在创业企业加强财务风险管理方面发挥借鉴作用。

近年来，有许多刚毕业的年轻人、海归人士和大企业高管纷纷投入创业的浪潮中。"新三板"的出台，让创业者看到了希望，纷纷效仿。然而现实是残酷的，中国的创业企业的平均寿命不足 3 年。这不单单是项目本身的问题造成的，很多时候创业者对企业风险认知不清，没有有效措施来应对各种风险，导致项目无疾而终。因此，创业者应警惕因忽视财务管理可能引发的创业企业的风险，提高财务管理水平，以实现企业的长远发展。

一、创业企业加强财务风险管理的必要性

创业企业的财务管理目标与传统企业的财务管理目标不一致。财务管理是财务风险管理的基础，国际上通用的财务管理标准是企业价值最大化，而创业企业一般规模较小，员工的人数较少，组织架构比较简单，因此在经营决策上有很大的灵活性。一旦市场经济发生波动，企业能迅速适应市场的变化。所以对创业企业来说，企业的生存成为最主要的问题。创业企业的财务风险管理制度也是围绕如何使企业能够生存下来制定的。

财务风险管理是企业生存和可持续发展的基础。为什么我国的创业企业做不长，这可能和我国有着相对复杂的外部市场环境和企业缺乏良好的财务风险管理意识息息相关。

二、创业企业财务风险管理存在的主要问题

第一，创业者一般不具备足够的财务知识，对财务风险管理不重视。创业者一般是具有某一领域的先进知识或者是拥有某些领域的丰富资源，从而开始创业的。创业者本身对财务方面并不了解，同时又因为其在创业阶段将大部分精力都投入业务领域中，会忽视财务管理。这使创业者往往在遇到财务风险时才会想到要寻找解决方式。然而此时的风险已经产生，很难找出解决方案。另外，中国的创业者深受儒家思想影响，对血缘关系和人际关系以外的人存在一种天然的不信任感。财务部门是一个相对来说需要专业知识的管理部门，如果让一些并没有受过专业教育的人员来承担财务工作，因他们往往财务风险意识淡薄，只知道一些基础的记账报税知识，对财务风险不够了解，更不可能起到防范和控制的作用，所以这种情况也会增加企业的财务风险。

第二，财务管理基础薄弱，财务管理机制不健全。创业企业在创业初始往往是由未来的核心团队成员组成，他们在业务方面或者专业技术领域能力较强，同时又由于资金问题，创业企业的团队成员在很长一段时间内都身兼数职，这使其对于财务工作只侧重于账务处理和税务报表申报等基础的工作，弱化了财务管理的工作，忽视了对于财务风险的控制和防范。大多数创业者因为同时兼任企业的大股东和企业的经营者，往往表现出"一言堂"的现象，也是造成企业无法良好地开展财务管理工作的原因之一。这种现象会造成财务管理机制不全面，或是缺乏行之有效的约束机制，导致财务人员无法参与企业的决策，难以发挥其本身应具备的管理和监控作用。

第三，融资决策缺乏科学性。在财务管理以及财务风险控制上，我国的创业者普遍存在经验决策和主观决策的现象，其行为不具有科学性。一位目前就职于创业孵化器的财务负责人在和创业者沟通过程中发现，他们或多或少有些盲目自信，认为只要路演成功，就能吸引到创业投资，这样企业就能发展壮大，并不会认真去考虑企业扩张所需要的资金数量，也不清楚这种扩张的背后是否有财务风险，如何规避此类风险。

第四，对扶持政策了解不透彻。我国为了支持创业出台了许多有利于创业者的扶持政策。各地区都会有相关的政策，这些政策也来自不同的政府机构，如人力资源和社会保障局、科学技术委员会等。但不同部门对创业企业扶持的侧重点不一样，所以评定的标准也不同。创业者往往无法判断企业符合的扶持政策，可能会错失一些曝光机会或者是资金扶持。

第五，创业企业的收益分配不合理。由于创业企业在初创阶段对资金的需

求较大，往往会把大量的或者全部的收益留存企业，用于企业的日常运营和今后的业务开展，而不向企业员工或者投资人进行分配，这样会打击他们的积极性，进一步影响企业的形象，甚至会让他们对企业的发展产生怀疑，而纷纷退股或者离开企业，反而增加了企业的财务风险。

三、加强创业企业财务风险管理的对策建议

（一）创业者首先要树立财务管理和风险控制的理念

可以通过产权多元化来改善企业的治理结构，引入合伙人或者在企业监事设置时，考虑由懂会计、审计的专业人士参与。有了从企业整体层面考虑的财务专业人士加入，能更好地帮助企业建立财务管理制度和财务风险控制机制。

在选用财务部门人员的时候，企业要考虑该财务人员的整体从业背景和专业知识。考虑从业背景可以更好地确保该财务人员了解企业财务工作的整体运作方式，理解各财务岗位的职能，符合岗位设置，如果有项目参与经验或者做过企业财务整体规划的能更好地帮助创业企业财务整体工作的设置和运行。考虑专业知识是因为不同行业的财务制度和政策还是有一定区别的。同行业或者同领域的财务人员在企业创业前期能帮助企业更快适应行业的财务要求和完成基本的风险预测。

如果创业者前期的资金不足以招聘一个全职的财务人员，可以咨询业内的财务公司，先建立一个符合本企业业务的财务管理制度和财务风险预警指标，通过简单的格式化的数据来进行财务风险管理。

（二）加强和改善创业企业的财务管理制度建设

财务人员负责企业的进出账和报表编制，很少"走出办公室"。创业企业的财务更应该"走出办公室"同时"走入业务部门"。创业企业的业务发展是企业的关键，而财务人员对于业务的产生、业务的流程、业务的发展往往信息不清或信息滞后。而这会导致企业财务与业务部门信息不对称甚至会影响到企业的业务开展。创业企业同时也由于容易"掉转船头"，在企业整体发展变化决策中，财务部门应该起着决定性作用，及时给出财务数据，做好企业整体预测是至关重要的。同时财务人员深入业务部门，了解业务过程中的痛点，能更好地制定和完成符合企业发展的财务管理制度，如审批、决策流程等。过于形式化的制度会造成业务的流失，过于自由化的制度会造成决策的杂乱。创业企业的财务管理和风险管理需要充分体现适应性原则，并随着企业经营情况的变化加以调整。

（三）根据企业发展的角度确定企业的融资战略

融资战略是指企业为满足其投资所需资本、配置财务资源并有效控制财务风险而对融资所进行的未来筹划及相关制度安排。融资战略包括融资权限与程序、规划融资规模、规划资本结构及控制融资风险。首先，融资战略应与企业战略相匹配并支持企业投资增长。作为创业者，企业就像自己的孩子，当然希望能得到投资人的认可，所以一般心态是投资额越高越好。然而过多的融资，会增加企业的资本成本。如果没有全面估计企业未来的资金需求量，企业就会不得不面临不久之后的第二次融资。因此做好财务预算是重中之重。其次，企业需要控制财务风险。创业企业应该从整体上把握财务风险的可控性和企业未来发展的可持续性，不能只考虑企业的投资战略规划。现在国家鼓励创业，许多银行都给创业企业提供贷款，国内外市场上的风投也青睐中国的创业企业，这时就需要创业者充分考虑需要，合理安排资本结构，不能只想着财务杠杆能带来的高额投资回报，要充分考虑不同投资人对企业的投资期望，区分是长期投资还是短期投资，综合考虑企业需要的融资结构和时间长短。

（四）充分了解、利用创业企业优惠扶持政策

除了融资之外，我国对于创业者还给予了多种政策扶持。充分利用针对创业企业设立的不同领域的创业园区是一个很好的方法。各大创业园区都有自己的创业社区，用于创业企业进行风险投资者和其他市场资源的对接，使创业企业能获得足够的资金和市场上的支持。此外，创业园区还能为入驻的创业者提供政府的创业扶持政策。如现在上海创业园区有税收优惠政策、创业创新项目的政府奖励、租金补贴等。此外，创业园区中有着各行各业的优秀人才，园区内不同行业的创业者之间可以参加各种社区活动或者在线上平台进行沟通，共享自己领域的各种新的资讯，互相学习，进行交流，发展自己的业务链，弥补创业企业本身的资金、市场、客户、人才、财务等一系列缺陷，提高企业的存活率。

（五）建立有效的财务激励机制

创业企业的核心团队成员就是企业生存与发展的核心竞争力，如果只是给予他们一份固定的工资，会让他们对企业没有归属感，认为企业的发展与自身的关系并不明显。而创业企业因为有着创新精神和共享理念，同时因为创业企业更具有未来发展性，所以创业企业应该拿出适当的股票期权给核心团队成员作为激励。这样能带给员工关于创业的激情，也可以调动大家的积极性，使其

更加全身心地投入工作中去，发挥潜能。因此创业企业应当根据创业的不同阶段，制定适当的股票期权的激励机制，也要考虑后续企业发展后需要吸收新的人才预留一定的股权和行之有效的退出机制。良好的财务激励机制能有效避免财务风险。

不同的投资人在给创业企业投资时，出发点也是不一样的，所以在选择融资时也要注意投资人是希望能与企业一起长久发展，还是希望能尽快获得回报。所以在制定企业的收益分配方式时，应该考虑不同投资人的需求，一旦发生意见不一的情况，很有可能就需要引入新的投资者。这时候能够"和平分手"也能给企业减少不必要的财务风险。

目前的创业企业遍地开花，如何能在创业的红海中脱颖而出，取决于多方面因素，而财务风险管理是企业管理的一个重点。财务风险管理在企业创业过程中扮演着极为重要的角色。因此做好财务风险管理不光要为企业创业添砖加瓦，还要在风险面前发挥安全卫士的作用，在企业发展壮大道路上变成遮风挡雨的金盾，所以做好财务风险管理本身就是为创业者事业起飞做好准备。

第二节　外贸出口企业财务风险管理

随着"一带一路"倡议的实施，我国民营外贸出口企业在国际市场上日趋活跃，企业扩张发展而来的财务风险也成为企业发展的制约因素。提高外贸出口企业财务管理水平，防范和控制出口业务的风险成为企业取得竞争优势的必要保证。外贸出口企业应当加强企业财务制度和风控制度的建设。本节对外贸出口企业的主要财务风险成因进行分析，对外贸出口企业不同的财务风险管理提供建议和对策，为外贸出口企业的财务管理和风险控制提供思路。

一、外贸出口企业财务风险的主要成因

（一）外贸出口企业财务风险的主要类型

财务风险是指企业在各项财务活动中由于各种难以预料或无法控制的因素，使企业在一定时期、一定范围内所获取的最终财务成果与预期的经营目标发生偏差，从而形成的使企业蒙受经济损失或丧失更大收益的可能性。外贸出口企业由于面向国际市场，其对财务风险的识别、预见和判断有着重要作用。汇率波动、收汇及时、税率变动等面临的操作风险都是外贸出口企业本身很难控制的，有必要对外贸出口企业的风险进行分析和研究，使外贸出口企业在一

定的范围内能提高其对风险的承受、风险的分担、风险的化解能力，以达到企业财务管理的最终目标。

（二）外贸出口企业财务风险产生原因及影响

1. 汇率变动对外贸出口企业资金的影响产生的风险

国际市场的风云变幻及政治、政策方向的调整，引起汇率变动给企业带来了结汇的风险。第一，当汇率下降在银行结汇时，所得到的人民币会少很多，就 2018 年来说，全年美元对人民币年内低点相对高点的最大跌幅达 9.9%，在资产负债表的会计处理中，将美元转换成人民币作为记账本位币时，具有因汇率变动而导致账面损失的可能性。第二，在美元汇率相对较高的情况下，国外客户的付款意愿总是不那么强烈，因为他们认为所付出的美元应当可以购买到更多中国产品，造成国内出口企业收汇滞后，给流动资金周转带来困难，增加了国内外贸出口企业的资金成本。第三，汇率波动的不确定性还会干扰外贸出口企业对商品采购、出口的数量和单价，从而使外贸出口企业在未来一定出口时间内形成的收益及现金流量减少而产生潜在的损失风险，业务的内容和规模的大小也会受到限制。

2. 外贸出口企业产品出口收汇产生的风险

一方面，出口不能及时收汇，到达一定的比率影响国家外汇管理局对于企业等级的认定，即 A 类降为 B 类，给企业的收汇、结汇在时间和资金融通等方面造成难以弥补的损失，企业只得花时间和精力进行整改。然而在收汇困难的情形下，企业对国内供应商的付款也会推迟，造成增值税专用发票取得的拖延，结果其无法按时申报出口退税，降低出口贸易产品在国际市场上的竞争力。另一方面，有时由于政治、经济贸易政策等因素，外贸出口企业会产生第三方付汇的情况，这与合同的客户名称不一致，严重违反了国家法律法规政策和管理制度，使外汇核销、应收账款混乱，尤其是那些单笔业务分次收汇的情形，更是给财务管理带来困扰。另外，由于某些国家内部动荡，失信的客户在到货后以各种理由拒绝付款，同样造成外贸出口企业损失惨重。

3. 增值税税率变动对外贸出口企业的影响产生的风险

自 2018 年 5 月 1 日起原适用 17% 和 11% 的增值税率分别调整为 16%、10%，2019 年 4 月 1 日起又从 16%、10% 再下降到 13%、9%。国家对广大民营企业大力减税降费，给外贸出口企业在某种程度上也带来了一定的影响。连续几次的降低税率，对企业的成本、利润都会带来影响。外贸出口企业按原来的收购价格损失了相当于 1%～4% 税款的金额，增加了商品的价格，减少了几个百分点的进项税额，增加了企业产品销售成本，减少了利润。与此同时，出口退税率为 17% 和 11% 的出口产品退税率也变成了 13%、9%，增加了企业的经营风险。这需要外贸出口企业自行提前把握国家政策，以更好地规划本企业因税率变动而带来损失的补救方案。

二、外贸出口企业财务风险管理的对策

外贸出口企业的发展受国际形势、政治环境的影响，面对的风险更加严峻，管理层只有加强思想上的重视才能更好地实施对风险的防范和监管，以应对和避免各类风险对企业经营发展产生威胁。因此，不论是汇率波动还是税率下降，不论是客户资信还是业务类型的发展，企业都应当提前设计好管控风险的措施和对策，使其在国际市场竞争中有更多的优势。

（一）提高汇率风险意识，利用外汇市场衍生品保值增值

随着我国国际地位的上升、美元汇率的变动，以及受国际政治的影响，美元、人民币汇率产生了双向波动。汇率的高低对企业结汇成人民币有直接的影响。在这种情况下，企业管理层需要对汇率加强风险控制。第一，外贸出口企业需积极研究汇率风险产生的要素，不断认识、积累抗风险的经验，作为企业财务管理人员应及时提醒高层加强对汇率风险的重视，花费一定的时间和精力组织专门的汇率风控小组，时时做出评价，对汇率变动做出连锁反应，提高风险识别能力和防范水平。第二，由于汇率变动已经成为影响企业经济效益的重要问题，选择合适的外汇衍生产品对外汇的保值、增值起到一定的作用。外汇的衍生产品可以提前约定是看涨还是看跌以进行灵活的交易，确保企业自身权益或提升外汇交易收益，避免可能的汇率波动给企业带来的损失。一般外贸出口企业在开户银行都有相应的外汇衍生产品可操作，西方发达国家的外汇衍生产品已较为成熟，在国际交易市场上也占据相当的比重。我国外汇衍生产品处在发展阶段，目前主要有外汇期权合约、外汇远期合约、掉期交易等，合理运用可以避免给企业造成可能性的损失。第三，在汇率变动对企业经营资金周转产生影响时，企业更应当利用货币市场套期保值，在与国外客户签订合同时应约定在汇率波动超出一定范围以后，双方确定一个互相都能接受的风险比例作为合同的附加条款，双方共同承担一些损失。在供应商方面应以长期合作的态度争取更低的成本价格，或更多的优惠政策，以保证出口商品采购的数量。此外，企业也可以通过灵活选择和使用结算货币、福费廷等方式缓解其资金周转的压力。

（二）建立信保制度，对客户信誉进行事前调查

企业在出口贸易中不可避免地会遇到国外客户拖欠货款、拒绝支付货款的情况，有时还会出现第三方付款的情形。在收汇困难的情况下，外贸出口企业应当在交易发生前就增强风险防范意识，谨慎行事，当事件发生时才有可能应对自如。首先，要建立收汇风险管理制度，对国外客户的信誉进行评估，建立有效的控制机制，对出口业务制订事前、事中、事后风险控制计划，采取出口收汇风险应急措施。在合同履行过程中，要认真履约，保证出口产品质量，妥善制定索汇单据；在合同履行后应积极收汇，同时结合国际贸易规则并采用合理的结算方式保证国外客户及时付汇。其次，建立必要的信保制度，利用中国出口信用保险对收汇保驾护航。当外贸出口企业更专注于贸易业务的发展时，把对国外客户的资信了解委托信保公司进行调查和评估是更加安全的途径。信保公司会对该客户所在国的经济、政治以及该客户的资信进行全方位的调查及评估，给出一个信用额度，在万一发生外汇不能收汇的情况时，在相应的额度内信保公司会给予最高的赔付限额，最大限度地弥补企业因无法收汇而造成的损失。最后，对于可能产生的第三方付款，应依据国家"谁出口，谁收汇"的原则及时办理收汇业务，需要向有关部门递交该收汇真实业务的证明资料，也需要提供三方协议或代付款协议等证明资料，以及与外销合同相匹配的证明材料，否则就有可能无法申报出口退税，使企业面临退税损失的风险。

（三）关注增值税政策调整，加强企业出口退税风险应对

在国家降税减费的优惠政策下，在民营企业获得实实在在的好处时，对外贸出口企业来说，供应商的价格在国家政策下引起的税率变动会导致其商品价格的增加。外贸出口企业应当梳理长期合同，还需要和供应商谈判，要求降低进货价格。外贸出口企业应当抓紧时间收集、认证增值税进项发票，对已经出口的货物尽早联系供货商尽量在税率调整执行日前按原税率开具增值税专用发票，并完成认证工作。此外，在政策过渡期，企业还应当把握好国家允许范围内的操作条件，以做出恰当的处理，如前期销售折让、中止退回及补开增值税专用发票等事项都应在过渡期内办理。另外，对于税率的降低应对国外客户做好解释工作，以防国外客户提出降价的要求，保证外贸出口企业利益不受损失。

外贸出口企业这种与国际市场接轨的业务往来，势必需要谨慎把握、观察、预见、判断风险出现的可能性，并加以深入地研究，在管控风险的同时还应当不断地调整策略和方案，在驾驭风险、化解风险的环节上胜人一筹，企业才能更加稳步、健康地向前发展。

第三节　电子商务企业财务风险管理

一、电子商务企业财务风险管理概述

在大数据时代下，电子商务企业需做好安全管理，完善财务风险预警体系，进而提高自身的财务风险识别以及管控能力，及时发现企业管理运营过程中存在的财务风险并实时改进，才能在众多企业中脱颖而出，更具有竞争力。

电子商务企业为我国国民经济发展提供了有力支持，逐渐成为我国经济发展的关键元素。当前我国电子商务呈现高速发展的趋势，但由于其起步较晚，仍存在许多潜在的财务风险。电子商务企业如果想在行业中立足并且获得竞争优势，就需要及时识别出财务风险，优化企业财务风险管理模式。

电子商务主体诚信度难以保证是电子商务企业面临信用风险的主要原因。其提供的信息是否真实需要进一步核实。同时由于电子商务信息存在易修改、易毁坏和易损失等特征，因此与传统商品交易模式相比，电子商务企业面临较大的信用风险。

电子商务企业需要借助相关平台完成资金周转，这就需要平台有完善的安全认证和支付系统作为安全保障。然而，到目前为止我国的互联网安全技术水平还亟须完善，认证机制还有待加强，加之企业管理意识淡薄和行业内竞争不规范导致了电子商务企业存在较大的资金风险。电子商务企业处于激烈的行业竞争中，为了取得竞争优势，不少企业开始进行新项目开发，电子商务的项目规模越来越大、复杂程度越来越深，企业所需要投入的资金就越来越多。因此，在项目立项和讨论方案时进行严谨充分的风险识别变得尤为重要，对项目风险科学准确地预估非常必要。电子商务企业在开发新项目时需要大举融资，如果项目选取不当可能给其带来巨大的债务风险。许多电子商务企业存在关联企业，特别是大股东占用企业资产的情况，严重干扰了企业的正常生产运营和资金使用计划，增加了企业财务负担，最终影响其盈利能力，从而给企业带来财务风险。

电子商务企业的技术风险隐藏在计算机软件操作系统和硬件设备中。数据流失、网络安全等互联网技术发展存在的隐患，以及由于企业自身有限的技术水平可能给企业带来的经济损失都属于电子商务企业财务风险中技术风险的范畴。技术风险是电子商务企业区别于传统企业所面临的一种新型风险。

二、电子商务企业财务风险产生的原因

电子商务企业财务风险产生的原因有以下方面。

第一，企业决策缺乏全面的数据支撑。目前，电子商务企业之间的竞争十分激烈，大多数电子商务企业都把业务拓展、投融资、用户和流量争夺、"互联网+"等作为企业的重要发展战略，而企业的信息化建设和数据治理等相对滞后。企业的经营决策、投资规划、筹资规划、财务发展规划、资本结构规划及市场分析与预测等主要还是基于传统的决策方法与决策手段，决策过程缺乏有效的数据支撑，致使很多决策无法做到科学合理，从而也就大大增加了企业的财务风险。加强数据治理，建设企业全域的数据管理平台，基于大数据进行企业全面决策是电子商务企业规避财务风险的重要举措。

第二，法律制度不健全。任何行业的发展都离不开健全完善的法律制度。由于电子商务起步较晚并迅猛发展、发展时间较短及各种外部因素的共同作用，关于电子商务行业的法律法规还未完全建立，距我国拥有电子商务行业较为全面的法律制度尚需时日。作为企业经营管理主要部门的财务部门直接影响着企业未来的发展。电子商务企业较多，发展较快，缺乏有效的法律监管制度是导致电子商务企业面临财务风险的原因之一。

第三，财务信息不安全。企业财务风险控制是否可以有效执行很大程度上取决于财务信息的安全性。传统的企业财务管理和财务信息具备一系列的保密制度，且制度的要求是较为严格的，因此具有很高的安全性。由于电子商务企业的生存需要以信息技术作为助力支持，多数的财务信息要以互联网为基础进行工作，在处理效率提高的同时也引发了一系列的财务信息安全问题。电子商务企业的财务信息风险大致包括两类。一类是内部因素。内部因素主要是指人为因素。内部财务人员操作不规范或有意盗取财务信息可能会导致企业关键财务信息泄漏或流失，给企业带来无法挽回的后果。另一类是网络环境。目前，我国互联网技术的安全性还有待加强，网络环境尚处于较为薄弱的阶段。许多技术风险如木马病毒等，都会造成企业内部财务信息丢失，给企业带来重大威胁。

第四，财务管理基础不扎实。传统企业的财务管理模式用文件档案管理企业发生的经济业务，主要是人工操作。在电子商务环境下，计算机已经成为承载企业财务数据的新媒介。但电子商务企业业务量较大，业务发生较为频繁，这就导致企业财务管理难以对人员素质进行评价，基本产品的采购和销售等环节的操作程序存在一定的漏洞，企业内部缺乏有力的约束，不少电子商务企业

的财务人员只经过初步学习，在考取从业资格证后就立即上岗，缺少具有一定深度的专业知识，且没有足够的工作经验，加之缺少创新思维能力，不能满足企业日益丰富的发展需求，不能提供行之有效的方法帮助企业健全内部会计制度，给电子商务企业的财务管理造成大量漏洞，财务风险的产生在一定程度上受财务管理基础的影响。

三、基于大数据降低电子商务企业的财务风险

大数据的发展推动了互联网技术的发展，由于数据具有集中化和细分化的特性，给企业财务管理分析提供了充足的数据。大数据的技术应用能够在一定程度上降低企业的财务风险。电子商务未来的发展趋势将与大数据相结合，充分利用大数据降低企业的财务风险，使电子商务企业在激烈的市场竞争中脱颖而出。较为统一的使大数据区别于传统数据概念的是其具有的四个特点：一是数据规模大；二是数据种类多；三是数据处理速度快；四是数据价值密度低。

相比典型的财务风险管理模式，大数据财务风险管理在有形或无形中都有一定的价值意义。很多领域正在探索使用大数据进行财务风险管理。在财务领域，怎样使用大数据进行风险管理是非常值得思考的问题。在规则制定后，利用人工智能的强项可以精准地帮助企业规避财务风险。而利用大数据发现的是一些隐形价值的财务风险，企业可以对风险划分类别。

大数据技术在财务预算和资源配置这两个方面具有很大价值，这是传统预算管理难以实现的。首先，是预测的问题。传统财务预算主要利用结构化数据，通过构建财务预算模型预测未来的财务结果。而大数据技术的应用，可以把财务预算数据范围扩大到非结构化数据，所有网页上的新闻、评论等都可以成为财务预算的数据基础。其次，是资源配置的问题。传统的财务预算在进行资源配置时，财务人员通常听取业务人员的建议，多数资源投向会受到业务人员的影响。依靠大数据提升预算和资源配置能力可以降低成本，提高资金的使用效率，降低企业的财务风险。

传统财务管理模式是基于因果关系的，而大数据是基于相关性分析的结论，可以找到一些靠传统思维不能解决的财务结果目标问题。通过对这些问题的管控，可以协助企业实施更加行之有效的战略。提升企业经营分析能力，有助于帮助企业在激烈的市场竞争中获取优势，减少由于决策不当而造成的项目风险。

第四节　新能源企业财务风险管理

近年来，新能源企业在我国迅速发展壮大，随着业界对新能源行业越来越关注，新崛起的新能源企业在未来面临着更大的挑战。为了让新能源企业在发展过程中具有更强的适应性以及稳定性，新能源企业在提高内部管理能力的过程中，需要重点关注对财务风险的防范，建立更为严谨、规范的财务体系。本节分析了新能源企业相较于一般企业的风险来源以及现今新能源企业主要面临的财务风险，为企业提出了几点财务风险的防范措施，从而帮助新能源企业提高其风险管控水平，促进新能源企业在管理方面进一步向高质量发展转型。

随着国家政府和社会对环保产业越来越关注，政策对环保能源方面有所倾斜，新能源产业也成了社会各类投资者偏向的产业。新能源企业在这些年国家的大力推动下已在社会中初步站稳脚跟，但是在新能源企业快速发展的过程中，其企业内部管理方面有许多不够成熟之处。新能源企业要建立科学的内部管理模式，需要重点关注内控以及对财务风险的防范，完善的风险防范体系能够帮助企业降低风险发生的概率，以及减少风险可能造成的损失，提高经营管理效率，提高企业的盈利能力，促进新能源企业健康、可持续发展。

一、新能源企业财务风险来源

（一）内部经营管理导致的财务风险

新能源企业的内部资源管理结构较为复杂，而一般的新能源企业特别是近几年新成立的企业在内部经营管理方面不够成熟，还处于探索阶段，在资源如何配置，资金如何更有效地运用方面难以准确把握。企业的经营者若只认为企业具有好的技术资源和业务资源，企业的经营就能够成功，而不关注企业的内部管理能力，将导致企业经营不善，无法做到可持续发展。做好经营管理不仅仅需要关注企业是否有优质的资源，还需要关注企业因管理问题导致的风险。新能源企业需要将技术能力保持在行业前端，对于技术研发资源的投入将加大企业资金运营的压力，投入过低可能无法保证企业的技术水平领先，投入过高将导致企业面临财务资金的风险，如资金流的断裂导致的偿债风险，投资决策不当导致的资源配置失衡等，都难以使企业在未来保持健康运营的状态。

（二）外部环境变化导致的财务风险

在新能源产业快速发展的这段时期，企业所得到的政策支持以及市场需求红利巨大，企业也因此获得了较高的收益。但随着新能源企业逐年增多，各个企业的技术创新能力、经营管理能力、资本规模都有明显的提升，竞争能力也有大幅度的提高。新能源企业的外部环境变得更加复杂多变，不论是市场竞争主体的变化，还是社会需求的变化，都有可能制约新能源企业的个体发展。若企业没有良好的风险应对机制，将会因外部环境的变化而受到较大的冲击，造成经营效益的降低。例如，从技术角度来看，虽然国外企业的科技创新能力仍超过国内企业的创新能力，但随着我国科研技术水平的不断提高，以及我国企业加强与具有全球前沿科技水平企业的交流，国内科研能力也在慢慢进步，研发活动更加独立。而新能源企业这类技术密集型企业，将面临更大的技术创新压力，企业若在财务方面没有足够的资金储备和现金流来应对技术创新压力，或是财务资源配置决策失误，将有可能导致企业在技术水平的角逐中远落后于对手。

二、新能源企业存在的财务风险

（一）资源配置不合理导致的财务风险

一个企业在某一个阶段所具备的资源是有限的，如何配置这些有限的资源来保证利益最大化是企业经营管理者在每一个会计期间需要思考的问题。资源的有效配置根据企业经营战略导向来确定，因此战略导向是否制定合理是资源有效配置的基础。战略导向需要综合当下的行业环境、政策环境、技术环境以及企业自身的情况，对未来的趋势研究判断后来制定。如果对战略导向的研究与判断不够科学、不够精准，就有可能导致企业的资源配置情况不佳，影响其当期的盈利。例如，新能源企业在新的一年需要重点增强研发能力，如果企业过于注重对于科研技术的开发和高端科技人才的储备，将大量的资金投入放在了前期研发方面，就有可能造成后期没有足够的资源投入生产和销售上，导致投入与产出失衡的情况发生，引起现金流短缺，从而导致后续的经营受到影响。

（二）财务人员素质不高导致的财务风险

财务人员风险管理意识不够强容易导致财务风险隐患的存在。新能源企业由于涉及的成本管理以及业务类型较为复杂，涉及的流程环节较多，项目资金规模大，若在资金流转过程中出现疏漏，容易造成大额的损失。因此，为了减少不必要的损失，新能源企业的财务人员在进行财务管理工作时需要具有更高的风险管理意识，更加注重细节管理。但一些企业中的财务会计人员不管是在意识方面还是在能力方面，大多偏向于关注与做好日常会计处理，如资金核算、费用报销、成本分摊等，风险控制意识较为淡薄。而财务人员的上级领导在平日里也不够注重对于财务人员在风险控制意识方面的培养，相关知识的宣导也只是流于表面，未能够在深层次上使财务人员的财务风险控制意识得到提高。部分新能源企业特别是民营企业，财务人员不够注重对于日常风险的规避和防范，基本上只在有具体风险控制要求时才会遵从，导致企业在财务管理的过程中，仍然存在较多的风险隐患。

（三）风险管理制度不健全导致的财务风险

财务部门对财务风险管理不够系统化，常常需要加强某一方面的财务风险控制，便新增相应的规章制度，对整个风险控制制度没有完整的系统来管理。这种情况主要是出现在规模不大的新能源企业中。新能源企业风险控制体系建设不健全主要表现在以下几个方面。第一，在内部组织结构方面，没有体现出企业对风险控制职能的重视，一般的新能源企业都没有专门设立风险管理部门，较为普遍的做法是将财务风险管理职能并入财务部门，但财务部门也未设立相关的专职岗位来开展风险管理工作，而是在财务部门的分工下各自负责一部分相关的风险控制工作，导致整体的风险控制工作还不够专业和系统。第二，在预算管理方面，新能源企业的预算管理模式较为粗放，预算的分配未能做到精细，对预算的计划和控制不够科学严谨，容易出现预算制定得过高或者过低的情况，这将导致资金使用过剩或资金短缺的情况而错过最佳投资机会，甚至出现债务危机等。第三，在内控制度建设方面，大多数新能源企业内控体系的建设还未能达到完善、全面的水平，内控制度的覆盖面不够广，深度不够深，未能有一个清晰的层次和结构，导致各层级的财务人员对内控制度的理解不够透彻。企业在内控制度上主要针对几个需要重点关注的方面进行规定，而对于其他方面的内控重视程度不够，这样容易导致风险转移到内控制度不严格的其他操作管理流程中，产生新的财务风险。

三、新能源企业财务风险防范

（一）提升财务人员风险防范意识

企业的经营管理是一个从上至下传导的过程，只有经营管理者的风险控制意识提高了，可持续发展的目标确立了，才可以将相关的行动融入后期的企划执行动作中，将这些理念逐级传导下去。对于财务风险方面的管控，首先需要提高财务部门人员的风险管理意识，定期开展财务人员的专业能力培训以及风险防范方面的培训，培训的内容要重点宣导新能源可持续发展的理念，并且注重员工专业知识能力和个人素质能力的双重提升。另外，企业还可以加强与外部审计监管部门或是业内优秀大型新能源企业的沟通，了解其他主体是如何加强财务风险控制的，学习先进经验。企业还要培养财务人员熟悉企业涉及的业务板块，对业务相关的政策以及行业现状有较为深刻的理解，密切关注外部政策环境以及行业竞争环境的变化，充分研究企业的内部环境和外部环境对企业可能产生的影响。企业应定期对内外部风险从产生的原因、构成的因素、对企业带来的冲击进行科学的分析与评估，与企业本身在这些方面的抗风险能力相比较，对于可能会给企业造成较大冲击的风险，提出相应的应对策略，及时调整相关的财务管理政策以及内控制度，提高财务部门对财务风险的应变能力。

（二）完善企业风险控制体系

新能源企业内控体系涉及企业研发、生产、销售等整个运作流程，也涉及了各个后勤部门的相关事务，因此内控体系的修订与完善需要企业上下的全员参与，本着让内控体系更加全面、科学、有效的原则，从企业经营全局的角度，在原有的内控体系上进行调整与更新，将原有的体系未能涉及的部分进一步地完善与扩充，强调内控体系的系统性与完整性。并且企业需要将内控体系的完善作为企业一个常态化的工作来开展，让企业的所有员工和管理者更加重视对内控的管理，形成做任何事情都按照规矩和流程制度办事的优良习惯。新能源企业的风险控制体系，受到企业性质的影响，也是需要与时俱进的，要不断学习创新前沿的内控管理手段，废除过去不够科学、不够系统的旧的内控制度。同时在未来需要将内控制度建设不断地进行更新与调整，向行业前沿水平看齐，朝着更加科学有效的内控建设目标发展。

（三）构建全面完整的预算管理体系

科学的预算管理体系能够使企业提高运营效率，减少费用漏损，降低运营成本，提高经营收入。预算管理工作的第一步是制订每个会计年度到来时的预算计划，要保证预算计划制订的合理性，需要采用科学的方法对当下年度总的资源投入与产出进行评估。资源的投入包括企业当年所有的研发与生产经营活动所需要的成本，其中需要特别注重对所要投资的项目进行多维度的评价，采用科学的投资决策模型以及综合评价指标来评估投资项目的可行性和盈利能力，并且进行敏感性测试，有效地降低投资风险。对资源投入完成评估之后，合理地将财务资源分配至企业的每个业务流程中。在制订好科学的预算管理计划后，需要对其实施的过程进行实时监控，可以通过每个月的预算使用情况以及大项目报批的情况来回溯预算的执行情况，及时发现不合理的资金使用行为或是超预算的行为，也可以根据统计情况结合业务部门自身的需求进行预算计划的后期调整。

（四）完善财务风险预警机制

为了进一步完善风险管理体系，企业需要做好风险过程管理，保证在风险控制手段实施的时候达到应有的效果，也要做到实时监控企业的经营动向。过程管理的手段主要是要建立风险预警机制，对会计信息、财务报告、经营指标等相关信息进行监控与计算，通过横向与纵向对比的形式，及时发现企业在经营过程中存在的问题以及潜在的风险。财务风险预警系统的建立首先需要明确财务风险管控的目标，明确企业在当下的经营水平和在经营环境中需要注重哪些方面的财务风险点，然后根据潜在的风险点有侧重地选取财务风险预警指标，不仅可以采用一些常用的、普遍的财务指标，如资产负债率、流动比率等，也可以根据企业的实际情况来选取一些另外的财务指标，如企业的应收账款挂账较多可以采用应收账款周转率、应收账款占营业收入比例等指标进行重点监控。在确定监控指标体系之后，企业应定期收集相关的指标数据进行汇总，采用科学的财务预警模型工具来判断可能存在的财务风险，将这些潜在的财务风险进行预警提示，报送给企业的管理者以及相关部门。财务部门需要明确各类风险责任，不仅要明确责任部门，还需要明确到责任人，对于预警机制提示到的风险，可以督促有关责任部门和责任人通过采取一系列的有效措施及时地规避可能发生的风险，或将已经发生的问题进行弥补，将损失尽可能降到最低。

第五节　国有企业财务风险管理

国有企业在进行各项财务活动时，存在众多无法控制和预测的因素，造成财务状况的不确定性，使企业面临出现损失的可能性，即国有企业的财务风险。国有企业在进行财务决策时并未明确相关风险，就更加提升了财务风险出现的可能性。在我国社会主义经济建设中，国有企业是支柱，也是命脉，其生存和发展对国家的发展具有重大意义。因此，我们对国有企业财务风险以及管理措施进行分析，有重要的现实意义。

国有企业对国民经济的稳定和发展具有重大意义，其在进行经营活动时必须重视其中存在的财务风险。要明确的是，企业财务风险或大或小的存在于企业的所有经营活动中，我们必须树立防范风险的意识，加强企业内部和外部管理。因此，国有企业必须分析财务风险的相关因素，结合企业的实际发展情况，不断提升整体财务风险防范水平，以保证自身的健康、可持续发展。

一、国有企业财务风险的具体表现

（一）投资决策失误因素

国有企业最大的财务风险是投资风险。企业要发展必须制定相关战略，而战略的制定不是依靠决策者的空想，而是要根据企业自身情况制定，如人力和财力。如果企业不具备必须条件而盲目扩大规模，或者进入不熟悉的行业中做其不了解的业务，并不会收获预期的利润，甚至会增加企业的财务和经营风险。在国务院国有资产监督管理委员会（以下简称"国资委"）颁布的《关于进一步规范中央企业投资管理的通知》中，明确提到一些企业的负债率过高，企业无法承受，但依然盲目扩大投资规模；有些企业使用银行信贷资金违规进行房地产或者股票投资；有些企业参与境外投资、非主业投资，甚至是高风险领域的投资，但并未依照规定向国资委报告。这些通知中明确指出部分企业存在不合理的投资问题，以获取更高利润为由，对高风险、不相关的领域进行投资，在很大程度上增加了企业面临的财务风险。

（二）财务风险认知因素

分析当前国有企业财务人员的理财方式和观念，以及他们对风险的判断能力能够发现，其理财方式和观念与市场经济环境的需求不相适应。企业高层管理者的综合能力与市场经济的需求存在很大差距，管理者的风险意识不足，也会导致企业财务风险的提升。此外，企业管理者对竞争对手不了解，在市场经济活动中便可能会遇到竞争对手的故意打压，而企业却无法采取及时的应对措施，最终造成企业损失的发生。部分企业财务管理层认为只要管理好企业资金，就不会出现财务风险，财务风险概念狭隘，市场风险意识不足。还有些企业为了提高销量，采用赊销的方式进行产品销售，却不了解客户的信用情况，没有及时掌控赊销对象，长期无法收回应收账款，对企业资产的循环以及安全产生不良影响，导致企业面临巨大的财务风险。

（三）财务活动复杂因素

企业财务活动与企业的生产经营息息相关。企业在资产管理方面，特别是在存货和应收账款的管理上，财务活动包括其参与的投资活动，签订的合同以及有关投资项目的融资情况、理财的管理等。除此之外，国有企业在发展过程中会不断扩大其规模，存在多种经济成分，如参股、控股、全资，还存在与其他企业合资的情况，都造成企业财务管理活动的复杂化。在资金的管理、使用过程中，企业并没有明确利益分配和承担的责任，管理方式非常混乱，无法应对形势的发展。有些企业的资金使用各自为政，缺少管理和监督，不仅资金使用效率无法保障，资金的安全也得不到保障。

二、国有企业财务风险的管理措施

（一）加强投资决策的科学化

首先，投资决策方法必须保证其科学性。在进行投资决策时，企业需要考虑到投资决策过程中涉及的所有因素，使用定量计算分析方法，引入科学的投资决策模型，分析投资的可行性。其次，企业注重投资范围的规范化。国有企业的主要业务范围通常都与国民经济重要行业有关，若在投资时盲目、分散，重点投资非主业，则无法保证自身权益，也降低了对国民经济的主导性。因此，国有企业在投资时必须规范对非主业的投资，注重剥离非主业资产，并重视对主营业务的投资。

（二）提升财务管理人员风险意识

企业财务管理人员必须树立科学的管理理念，为有效防范财务风险，其需对千变万化的市场环境以及企业财务管理环境进行深入分析，并结合企业的财务现状，进行财务管理政策和制度的改革；制定多种应对财务风险的措施，选择科学的方式防范财务风险，减少环境因素导致的企业财务风险。同时，企业的领导层必须不断增强风险意识，注重市场变化，了解市场竞争者，同时监督企业生产经营的全过程；开展风险防范讲座，注重企业制度的改革和创新，逐步完成风险防范制度的构建。

（三）完善出资人财务监督制度

首先，完善会计信息披露，注重会计核算工作体系的建设。国有企业要实现企业会计核算行为的规范、会计信息可比性的增强、企业经营管理的高效、企业国际竞争力的提升，就必须统一会计标准，将重点放在年度财务决算审计上，注重企业的重组、改革，逐步化解财务风险。其次，落实企业负责人经济责任审计制度，实施国有资产管理的监管和评价。企业负责人经济责任审计作为一项重要的制度，必须注重对企业财产、决策以及财务重大事件的监管。最后，建立规范监督部门，对企业经营者实施监督和规范。

（四）健全财务风险管理系统预警体系

其一，构建财务风险防范机制。这需要企业注重内部控制，并结合企业实际，注重财务风险制度的有效性，以落实监控管理。做好财务部门的风险分配，明确个人工作内容。建立完善的风险分析报表并存档，注重财产的流动性分析，进行资产质量、负债率的研究，落实风险预警体系。其二，健全财务预警体系，实时监控在经济活动中存在的潜在风险。同时，保证预警系统能够监督整个经营活动，分析企业财务相关数据，使用数据模型找出企业潜在的风险。

简而言之，伴随着经济的发展，国有企业的管理水平必须相应提升。而企业的经营活动中最为关键的便是财务活动，不可避免地会遇到财务风险。本节对国有企业经济活动中的财务风险因素进行分析，指出其投资决策、风险认知、财务活动都会产生财务风险，并提出有针对性的管理措施，以期为国有企业未来的稳定发展起到参考作用。

第六节　轨道交通企业财务风险管理

对于任何企业而言，业务管理和财务管理都是经营工作的重点领域，这两方面能否做好，将直接关系到企业能否正常生存和发展。而在财务管理中，财务风险管理又是其中的重要内容，财务风险管理工作如果不到位，将直接影响到企业财务安全和财务控制的有效性，进而对企业经营发展带来一定的不利影响。轨道交通企业作为典型的重资产企业，财务管理内容相对复杂，且随着外部环境的不断变化，财务管理中的风险因素又日益增加。因此，轨道交通企业做好财务风险管理对于其自身发展而言有着重要意义。

当前，随着市场经济的不断发展，市场主体在参与市场活动的过程中所面临的不确定因素也逐渐增多，这些不确定因素如果渗透到企业财务管理活动中，往往就形成了企业财务风险。财务风险的存在，不仅会对企业财务资金安全形成一定的威胁，也会给企业正常经营管理带来一定的负面影响。因此，做好财务风险管理，也往往是财务管理的重要目标之一。轨道交通企业作为典型的重资产类型企业，且自身投资和生产经营的项目往往规模较大、周期较长，涉及环节较多，其在参与市场活动过程中，也会相应遇到更多、更加复杂的财务风险。轨道交通企业应当高度重视对财务风险的管理与控制，并寻求合适的方式切实提升财务风险管控效果。

一、轨道交通企业财务风险管理的意义

所谓财务风险，通常是指企业在各项财务活动过程中，由于各种难以预料或难以控制因素的影响，产生财务实际状况与财务管理目标发生偏离，并使企业蒙受损失的可能性。作为企业发展过程中的必然产物，财务风险始终和企业

运行发展过程如影随形，也因此是企业财务管理、内控的重要工作之一。

对于轨道交通企业而言，其在经营发展过程中的财务风险通常是其自身在经济活动中由于各种不确定性因素的影响，使企业财务收益与预期收益发生偏离，从而给企业造成不同程度损失的可能性。轨道交通企业不论是在财务管理还是在经营活动中的某一个环节出现问题，都有可能导致一些负面情况的出现，如导致企业资金链断裂，降低企业的盈利能力和偿债水平，或者影响到企业的预算控制，增加企业成本支出等等。而且在当前，市场经济的不断发展，市场形态的变化日趋多元化，使轨道交通企业的经营环境与以往相比有了明显的改变。这些外部环境的变化更使轨道交通企业面临的财务风险变幻莫测。因此，轨道交通企业进行有效的风险管理可以降低企业财务管理过程中的一些潜在风险因素，减少企业现金流量的波动性，确保企业的经营管理活动能够正常有序进行。同时，开展财务风险控制活动还能够不断发现企业内控机制、流程管理方面的漏洞，从而促进企业内部管理体系不断优化。

二、轨道交通企业财务风险管控有效性提升的对策

轨道交通企业财务风险管理和控制通常包括事前、事中、事后这三个环节的风险管控，而由于轨道交通企业经营和管理内容较多，企业只有构建起良好的整体管控机制，才能够为做好相关细节工作提供必要的支持和保障，进而对各个环节开展有效的财务风险管控。轨道交通企业财务风险整体管控能力建设主要有以下三个方面。

（一）加强风险管控基础能力建设

首先是制度方面。轨道交通企业应当加强制度建设，确保财务风险管控制度的完善性和有效性。一是要立足企业财务风险管控的实际情况，并结合业内先进做法，对财务风险管控制度进行动态梳理和完善，既要确保制度能够涵盖财务风险事前、事中和事后各个环节，又要使制度能够适应企业发展形势。二是要强化制度执行过程，促使相关岗位员工学习财务风险管控相关规章制度和业务操作规程，要求其在经营或管理过程中必须严格执行规范流程和财务风险内控制度。

其次是系统建设方面。轨道交通企业应当重视现代化系统在财务风险管控中的重要作用，并且要加大在系统建设上的投入，来构建现代化的财务风险防控平台。在系统具体功能上，为了能够满足财务风险防控需要，系统应当能够提供表内外业务大部分的明细数据，为财务风险管理提供全方位技术手段支持。

同时系统还要能够提供大额资金进出实时监测、大额往账业务授权控制、清算账户实时监控查询、资金调拨预警功能等，能够实现对大额资金变动以及资金变动账户的实时监控预警。

最后是财务风险报告制度方面。这包括日常财务风险报告、重大财务风险事项报告、外部监管报告以及对外信息披露等，以确保相关责任人及时了解企业财务风险水平及财务管理情况。

（二）做好财务风险压力应对能力建设

对于轨道交通企业而言，由于其生产经营项目往往规模大、周期长，涉及的资金投入环节较多，因此，其财务风险所带来的压力往往具有较大的不确定性，且给轨道交通企业的持续应对能力带来了较大的考验。所以轨道交通企业要做好财务风险的管理与控制，应当定期做好财务风险压力测试工作，以发现和防范流动资金方面的风险隐患，这也是轨道交通企业财务风险管控的重要内容。财务风险压力测试的目的是在分析轨道交通企业宏观调控、外部市场环境变化和内在经营压力下发生财务状况的不利变动时，能够使企业具备承担风险冲击的能力。通过定量评估法确定轨道交通企业在意外情况下面临的财务风险的严重程度，深入分析企业自身能够抵御相关财务风险的能力，并切实形成供轨道交通企业决策层及上级主管部门讨论并实施的应对措施，从而能有效预防和缓解该类风险带来的冲击。从目前很多轨道交通企业的实际情况来看，要做好财务风险压力测试工作，首先应当设立满足要求的流动性风险内部预警指标体系。轨道交通企业财务部门应当定期对特定情景事件、财务风险预警指标开展分析监测，及时分析其对企业生产经营的影响。其次应当建立财务风险压力测算与分析框架，涵盖表内外所有业务，按季开展压力情景下的现金流测算、应对能力测算、损益测算等，通过测算分析，有效计量、监测财务风险压力。最后应当形成完善的监测、分析与报告机制，包括匡算预测、业务部门申报制度、上报授权制度、实时监测制度、定期报告制度，以及定期演练制度等。

（三）完善财务风险管控组织架构

为了提升财务风险管控工作领导和组织的有序性，轨道交通企业应当建立起财务风险管理组织架构，并明确各层级在财务风险管控工作中的任务分工和职责边界，建立财务风险管控责任细化分布图，以及财务风险管控流程。此外，为切实提升相关责任主体对财务风险管控的意识，形成良好的财务风险管控工作氛围，轨道交通企业应当在全面梳理财务风险管控依据、流程、事项的基础上，及时组织相关职能部门人员，以及外部主要合作伙伴对财务风险管控思路和内部管理制度进行认真学习研究，帮助相关人员牢固树立财务风险管控意识。同时，轨道交通企业还应和专业咨询公司、会计师事务所、审计师事务所以及上级主管部门保持沟通交流，积极争取相关指导和帮助。

综上所述，随着市场形势的不断变化，轨道交通企业所面临的财务风险也日趋复杂多变。轨道交通企业应当在准确把握自身财务风险形成因素的基础上，针对各类直接诱因不断寻求措施加以防范，并积极填补现有财务风险管理体系漏洞，通过构建起完善、有效的财务风险管理机制，来促进企业财务管理活动正常有序地进行。

第七节　房地产企业财务风险管理

财务风险是目前每一个房地产企业管理者需要面对的问题，财务风险的出现被视为企业危机爆发的潜在信号。在目前不断变化的经济环境中，政府宏观经济政策的变动，对房地产市场的宏观干预，都加大了房地产企业的财务风险。本节通过对房地产企业财务风险管理现状和存在问题的分析，提出了有针对性的解决对策。

一、房地产企业财务风险管理的意义

房地产行业是我国经济高速发展和运行中不可或缺的一部分。房地产行业的健康有序发展有助于我国国民经济保持良好态势。房地产行业在产业结构高级化过程中扮演着重要角色：一是吸引了大量社会资源的涌入，包括资金、人力、土地等；二是房地产行业关联了建筑、机械、建材，甚至电器等诸多的上下游行业，产业链长，牵一发而动全身。房地产行业自身有着项目投资金额庞大、资金回收周期长的特性，导致了这个行业的高风险性。因此，采用正确的风险管理办法，降低风险发生的可能性和造成的影响，为企业创造最大的经济效益，对房地产企业应对财务风险而言就显得越来越重要了。

二、房地产企业财务风险管理的现状及存在的主要问题

我国房地产企业在近几十年来快速发展起来，但其在房地产市场繁荣发展的同时，对于财务风险管理重视不够，很多管理机制并不完善。企业把主要精力用于开拓市场，忽视了管理细节，对于资金的使用，也缺少有效的规划，对于建造中的成本管理更是粗放式的，甚至为了在楼盘的竞拍中占得先机，一味竞价，没有考虑到企业的资金流是否可以支撑。目前，即使有些房地产企业设

立了风险管理部门，但实际上缺少外部的监督，只是形式而已，在实质上并没有把风险管理意识落实到相关具体工作中。结合目前我国房地产企业财务风险管理的现状，我们分析其存在的主要问题如下。

（一）部分企业对财务风险重视程度低，财务人员专业素质有待提高

房地产企业由于将工作重心放在占领和开拓市场上，缺乏细致周密的财务预算制度，对于征地成本、资金的运作以及最终形成的经济效益这些财务问题重视不够，对于资金的管理只是停留在会计记账层面，对于成本的控制、资金使用的规划没有提到议事日程上来。此外，由于房地产企业中的财务管理人员在财务管理方面的专业知识有限，缺乏对管理知识和法律知识的认知，导致企业在面临财务风险时，不能及时找出应对的措施。房地产企业的核心管理层对财务管理的认识不足，专业水平亟待提高。

（二）随意举债，资产结构不合理

房地产企业为了抢占市场，盲目向银行贷款或者通过其他渠道融资，对资金的使用缺少有效的规划和管理，在贷款中又抵押资产。企业普遍存在资产负债率高、负债规模大的现象，造成企业偿债压力大，不利于企业的稳定运营和资金流的安全。

（三）风险抵御能力不足

房地产企业以利润为导向，一味追求高额利润，缺少长期的发展规划。对于生产经营可能遭遇的财务危机缺乏准备，将经营的成败全部放在项目的成败上，在遇到风险时，缺少抵御和分散风险的能力。

（四）盲目多元化影响主营业务的盈利

部分房地产企业盲目扩张，试图通过多元化的经营分摊风险。但由于对自身的经营状况没有充分了解，在进行投资前，企业对新进入的行业缺乏了解，大量资金和资源倾斜，多元化的经营造成的负担反而拖累其本身主营业务的正常盈利。

（五）风险管理偏重形式

房地产企业近年来开始设置风险管理委员会等类似机构。但是风险管理以及控制部门流于形式，缺乏有效的外部监督。风险管理部门制定的内控规章制度难以落实，更多是以文件的形式下发的，但基层的执行情况无法保证。

三、进一步完善房地产企业财务风险管理的建议

（一）做好筹资活动、投资活动、营运资金和利益分配的管理

房地产企业应设置专门的筹资风险小组，明确职责，对资本结构进行分析，选择最佳的资本结构，选择适当的筹资方式。建议采用债务筹资的方式，既可以弥补资金的不足，又避免控制权的转移。对于不同期限的借款进行合理筹资组合，合理把握分配长期借款和短期借款的比例，既保证贷款的充裕，又避免负担大额利息费用。同时制订符合企业自身经营状况的负债财务计划，确保负债规模处在健康范围内，防止筹资过度或不足，确保资金的良性周转。房地产企业不应局限于银行借款，应广泛通过信托融资、债券融资、私募等渠道进行融资，以降低利率波动产生的信贷风险。因此，房地产企业应注重融资创新，降低融资成本，拓宽融资渠道，借助非公开的股票发行融资，树立良好的信誉，如期偿还债款和利息费用，保证现金流的安全，有助于金融机构的放贷，同时应与银行建立良好的合作关系，对于借款额度、借款期限等进行合理的设计，保障银行授信额度充足，满足企业各类短期融资的需求。

房地产企业对于日常资金的使用必须实施严格的监控，提高资金的使用效率，做好利润的分派规划。应制订资金使用计划，合理调度资金，实行严格的资金链监控机制，定期组织会议，密切监督企业的资金状况，防止突发性事件对企业的冲击。为此企业应建立信用管理部门，因为房屋销售金额较大，必须对客户的资信、贷款能力做好调查和了解；明晰岗位职责，将销售回款的工作落实到各环节，做好应收账款账龄分析工作，对逾期的应收账款设置专人及时催收；完善对赊销项的审批制度，对于可能的坏账，必须进行严格审核，对账款无法收回的原因做出分析。

与此同时，房地产企业还应建立合理的股利分配制度，使利润分派变得制度化和规范化。依据投资者的股权份额数量进行分配，超额利润的分配按照投资者对企业的贡献大小进行。

（二）建立和完善房地产企业风险管理体系

1.强化财务管理人员的风险管理意识

房地产企业应提高财务管理人员的财务管理能力和应对风险的能力。企业要使财务管理人员清楚了解财务风险的不同表现形式，在经营中贯穿财务风险控制，让员工对财务风险能够有一个清晰的认识。对于决策层而言，其应通过企业报表了解和掌握企业的经营现状和财务信息，变主观的随意性决策为科学

决策，从而降低企业面临财务风险的可能性。

在投资准备期，由于房地产项目普遍所需资金较大，因此企业在投资前必须了解市场用户的喜好和需求，对市场有准确的定位，必须进行投资可行性分析，切勿盲目投资，应聘请专业人员进行必要的市场调研，了解市场用户的喜好和需求，对楼市的政策变化、楼市价格、供需关系、销售情况等进行分析，对市场有准确的定位。企业确定投资后，在保证质量的前提下，应尽可能缩短建设周期，加速资金的周转，尽快实现项目的竣工，提高效率，降低建设期间可能的风险。

财务风险的预警是指，依托信息化的基础，对房地产企业在经营管理活动中的各种潜在财务风险进行实时的监督和预警的系统，通过一系列的科学数据模型及时发现潜在的风险可能性，以此向企业管理者提出警示。房地产行业受外部环境影响较大，只有建立有效的风险预警机制才能抵御风险。当企业出现财务风险的征兆时，其若能及时发现并做出应对就能避免陷入财务危机的窘境。通过这个预警机制对企业财务运营状况进行全程监控和管理，企业就能及时做出管理上的各种调整，使财务风险控制在可以预测的范围内，避免财务危机进一步恶化产生更严重的后果，减少房地产企业因财务管理风险导致的损失。

因此，企业应适应市场的变化调整房地产产品的结构，满足客户刚需，确保财务系统良好运营。在出现风险时，系统及时报警，将风险识别与风险管理有效结合。

2. 提高房地产企业对于政策和市场的应对能力

房地产行业作为影响国家经济健康发展的重要产业，其发展与国家宏观经济形势的变化息息相关。房地产企业应随着国家政策导向的变动做出及时正确的判断，做到准确预测行业和商品房市场的走向，响应国家对于楼市的各种管控政策。房地产企业应对市场的动向与政策的变化趋势做出及时准确的把握，灵活应对市场与国家政策的变化，制定最合理的财务策略，降低外部环境变动所带来的财务风险和市场波动带来的不利影响，在市场变化的环境中积极创造收益。

第八节　建筑施工企业财务风险管理

改革开放以后，我国的建筑施工行业迎来了良好的发展契机，在我国近些年的发展过程中，建筑行业已经当之无愧地成为国民经济发展的主导产业。建筑施工企业的经营发展过程具有明显的特点，如资金需求量大、企业负债率较高等，这些特性使建筑施工企业的财务管理工作经常处于风险环境之中。建筑施工企业常见的财务风险类型主要有因对财务风险管理重视不足而产生的资金管理风险以及因企业负债过高而产生的成本控制风险等。因此，在建筑施工企业中实行良好的财务风险管理是十分必要的。基于这一要求，本节从我国建筑施工企业的现状出发，分析财务风险管理的意义以及对建筑施工企业所具有的作用，找出建筑施工企业财务管理进程中存在的风险，并有针对性地给出相应的解决策略。

近些年来，我国的建筑施工企业数量剧增，市场环境的变化使建筑施工企业所承受的内部压力变大。同时，由于经济全球化时代的到来，建筑施工企业还承受着一定程度的外部冲击。这两种阻力的存在使建筑施工企业的生存步履维艰。笔者以建筑施工企业实施财务风险管理为视角出发，论述基于财务风险管理视域下的建筑施工企业增强核心竞争力的方式，以期通过良好的财务风险管理来助力建筑施工企业的发展，进而推进我国经济建设工作。

财务风险管理工作是企业内部整体风险管理的一个分支，通常被设立在财务管理或风险管理下辖的部门之中。财务风险管理主要是结合企业以及市场的现状，对可能引起企业发生财务风险的各种因素进行分析、识别，并进行风险定量分析，从而开展有效的风险规避策略。财务风险管理的主要职能是预防风险，最大限度地保证企业的财务安全，进而为企业的日常生产经营创造一个良好的内部环境，助推企业的健康运行，保障企业的可持续发展。在美国风险管理学家格里森所著的《财务风险管理》中，其对财务风险管理的概括主要表现为三个方面。其一，对企业可能发生的所有风险进行精准的预测。其二，建立针对企业经营范围内的风险评估机制。其三，在企业内部建立专职财务风险管理的部门，控制风险发生的概率，减少财务风险带来的损失。

一、建筑施工企业在财务风险管理过程中存在的问题

第一，缺乏对财务风险管理的重视。在建筑施工企业财务风险管理过程中存在的问题里，企业对于财务风险管理重视不足是较为严重的。我国目前的建筑施工企业对于财务风险管理所具有的重要意义认识不足，致使企业对于资金的管控力度难以得到保障，缺少对资金流向的监控。在资金的收入与支出过程中，企业可能会受到利率变动、物价变动、政策变动、不可抗力等因素的影响，形成一定的资金风险隐患。同时，企业在财务风险管理工作开展的过程中缺乏制度性的保障，整个企业的财务风险管理工作流于形式，难以取得实际的效果。

第二，负债过高引起的成本控制风险。在建筑施工企业生产经营的过程中，企业发展所需的现金流不足，会导致企业产生大量的负债，极大地增加了建筑施工企业发生成本控制风险的概率。我国国内的银行目前大多实施的是信贷业务紧缩策略，导致许多建筑施工企业为了保证其正常运转，将获取资金的渠道改变为依靠各种新机构以及融资公司。而信托机构和融资公司的融资基准利率上浮可达 30%，高额的融资负担导致建筑施工企业开展成本控制工作的难度增加，对于建筑施工企业整体的财务风险管理工作的开展也有一定程度的不利影响。

第三，缺少有效的财务风险控制机制。从我国目前的建筑施工企业财务风险管理现状来看，其普遍缺少有效的财务风险控制机制。在财务风险管理过程中，风险控制机制的建设具有非凡的意义。然而，许多建筑施工企业为了减少内部管理工作所产生的资金消耗，疏于在风险控制机制方面的建设工作，导致企业在遇到突发财务问题时缺少有效的应急措施，难以及时做出正确的决策，给企业财务风险管理工作的开展带来了巨大的困难。

二、建筑施工企业解决财务风险管理问题的对策

第一，加强企业对财务风险管理的重视。为了保证建筑施工企业开展的财务风险管理工作能取得良好的效果，企业首先要提高对于财务风险管理的重视程度。企业要通过制定相关制度，来为财务风险管理过程中的资金风险管理工作的开展营造良好的内部环境，建立企业资金流向监督体系，采用集中管控的模式，设立企业资金管理总控中心，并在其下分设资金审批、流向监控、会计管理等部门，进而保障企业的资金安全。同时，企业还要招募或培养专业性较强的人才，专职进行企业财务风险管理工作，保证企业财务风险管理工作开展方向的正确性与管理手段的先进性。

第二，减少融资负担，做好成本控制。为了减少企业的融资负担，进而达到有效规避成本、控制风险的目的，建筑施工企业要做出良好的成本控制规划。首先，企业要通过实施有效的预算管理来提升其对于资金的利用效率，保证企业资金充足，减少企业需要融资的情况。其次，企业要不断拓宽融资渠道，保证企业信贷信用，降低融资带来的资金损耗，提升成本控制工作的成效。

第三，建立有效的财务风险控制机制。在建筑施工企业财务风险管理的进程中，建立有效的财务风险控制机制是一项十分重要的工作，要引起企业足够的重视。首先，企业要抽调专业的人员成立财务风险控制工作小组，保证风险

控制工作人员的专业性。其次，企业要积极借鉴国外先进的风险控制机制，结合企业自身的实际情况，构建出适用性强的风险控制机制，并保证风险控制机制能最大限度地为企业提供服务。最后，企业要对风险控制中的各个部分进行精细化梳理，对每个环节都进行精准的职能定位，将责任落到实处，从而保证风险控制机制能够发挥出其应有的效用。

第九节　石油企业财务风险管理

石油企业财务风险在激烈的市场竞争中是客观存在的，我们要正确认识并分析财务风险，明确财务风险产生的主要原因，建立起有针对性的风险控制机制，加强风险防范力度，提高石油企业的财务管理水平，促进石油行业的可持续发展。

石油企业在我国经济建设中占据重要地位，为我国经济发展提供充足的能源支持，关系着整个国家的经济发展。石油企业的财务管理对石油企业发展和创新有着十分重要的影响。良好的石油企业财务管理工作有利于促进石油企业的结构升级和持续发展。石油企业的财务风险是企业经营活动风险的集中体现。相对于其他企业来说，石油企业是一种能源资源企业，具有一定的特殊性。加强企业财务风险管理，可以有效提升企业的竞争力，使企业在激烈的市场竞争中获得长远发展。

一、石油企业财务风险的主要成因

第一，融资方法单一。目前我国仍然没有建立起系统全面的融资模式，银行贷款仍然是很多企业首选的融资手段。对于石油企业来说，一般也是通过银行贷款进行融资，融资方法单一，容易导致财务风险的出现，影响石油企业正常的生产经营活动。单一的融资模式加大了企业的财务风险，一旦出现市场波动，会导致企业背负巨大债务，给企业的发展带来极大的阻碍，导致石油企业运营成本和运营风险不断增加。如果企业出现资金链断裂问题，单一的融资方法必然会对企业经营产生十分严重的影响，甚至会造成企业破产。

第二，信息化管理水平较低。随着科学技术的不断发展，尤其是计算机技术的不断发展，在各行各业中已经普遍应用计算机技术进行企业运营和管理工作。与其他行业相比，石油企业财务管理信息化水平较低，虽然企业相关领导人员已经认识到信息化财务管理的重要意义，但由于石油企业信息筛选难度较大，财务信息更新慢，造成信息化管理效率较低，影响现代化管理手段在石油企业财务管理中的实施，不利于企业的良好运营，给企业发展带来一定的财务风险。

第三，缺乏内控机制和风险管理。很多石油企业内部缺乏相应的管理制度，执行力度不够，在资金使用管理、利益分配等方面存在权利不明、职责不清的情况。企业内部审计制度不健全，缺乏有效的责任追究制度，也给企业的正常经营带来较大的财务风险。企业相关管理人员没有重视财务风险可能带来的重大危害，对财务风险管理的认识不到位，导致财务活动行为不准确、不真实，人为因素干扰较大，存在人为制造财务风险的情况。相关财务人员对财务风险的防范意识较薄弱，对国家法律法规的变化敏感性不足，缺乏应对变化所造成的财务风险的能力，也会使石油企业财务风险问题加重。

第四，缺乏有效的管理和监督体制。在石油企业生产经营活动中，良好的监管制度是保证石油企业顺利运营的关键。但从目前情况来看，石油企业存在严重的监管问题，没有建立起行之有效的监督管理制度，管理流程不严谨，管理责任不清晰，有的财务管理环节形同虚设，影响财务管理作用的发挥，以至于企业融资和资本运作过程中存在较大的风险，影响企业资金的安全性和资金的合理使用，导致企业在投资、筹资、资金运作等方面常常出现问题。这些问题如果不能得到及时有效的解决和处理就会干扰到石油企业财务管理工作的正常进行。当前我国石油企业普遍实行集中式的财务管理模式，这种管理模式容易造成下层企业资金管理弱化，引起权责不明、利润分配混乱、资金使用效率较低等问题。因此，我们必须要促使石油企业财务加强管理体制和监督体制的建立健全，为企业财务工作提供专业的制度支持。

第五，资本运作模式落后。石油企业在经营过程中必须要有大量的资金才能够保证企业后期的正常运作，但由于石油企业资本运作形式严重僵化，影响企业后期投资目标的实现。某些石油企业财务管理人员没有严格按照项目报审流程进行财务管理，影响企业资金的使用效率，导致企业资金链断裂，资金运营和资金运作不合理，给企业发展带来较大的财务风险。

二、加强石油企业财务风险管理的对策

第一，做好企业内控制度的建设。要想提高石油企业财务风险管理质量，首先要建立健全企业内部财务风险管理控制体系，做好企业财务风险的事前预测、事中控制以及事后管理工作。将企业的财务与实际经营和发展目标相结合，抓好有效控制点，严密监控企业生产经营活动中财务风险多发的环节，设置针对风险隐患的风险控制点，做好风险预警分析、反馈处理等工作。通过有效的

内部管理制度控制风险、降低风险，保证企业健康有序的发展。同时，石油企业还要根据其现有的风险问题，建立起财务风险预警系统，明确企业各项财务指标的风险参数，对企业发展过程中的风险问题进行有效评估，从而为企业相关决策者提供专业科学的数据支持。另外，企业还应运用预测模型预测其财务风险，制定出有针对性的预警策略，从而加强企业财务管理工作，促进石油企业的良好发展。

第二，实现财务信息化管理。石油企业财务管理人员要充分发挥信息技术的重要作用，实现财务管理和业务管理的一体化，促进企业资金的集中管理和监督控制工作开展，以避免各种财务风险。要大力完善企业财务信息管理制度，实现企业财务信息共享和集中核算，减少业务流程中人为因素对财务信息管理的影响，加强企业财务信息管理的安全性和可靠性，达到强化监督、规避风险的目的。目前，中国石化集团正在大力推广构建财务共享服务中心，逐步实现了财务信息化管理。

第三，改善资本运作模式。石油企业属于技术密集型和资金密集型企业，具有高回报、高风险、高投入的特点。所以，石油企业应该更加重视企业内部的资金管理工作，规范企业资金运营制度和资金运作模式。石油企业在发展过程中面临的生产经营风险较大，如石油产品价格波动、勘测效果、市场占有率的改变、国内外政治因素的影响等，都会给石油生产经营活动带来较大的财政风险。所以石油企业在进行投资和资金分配时，一定要对现有的市场环境和自身的情况进行充分了解，利用科学的分析手段和专业的财务管理模式进行慎重决策，促进企业的可持续发展。同时，企业要尽可能地丰富筹资模式，改善以往单一的融资手段，提高企业对财务风险的应对能力，充分提高企业资金的使用效率。

第四，建立健全财务管理监督机制。在企业财务风险防范的过程中，有效的财务管理监督机制能够保障各种财务活动的安全性和合理性。建立有效的财务责任制度，企业财务人员要明确自身的职责和工作任务，增强责任感和提高工作效率，减少工作失误，一旦发生问题也能够追溯到责任人。此外，企业还需要不断加强监督人员的职业素养，充分发挥监督管理人员的职责作用，提升财务人员财务管理水平，有效发挥监督管理机制的作用，避免发生财务人员违规违法行为和徇私舞弊行为，保证管理的有效性。

综上所述，与其他行业相比，石油企业具有运营风险高、投资回报慢等特点。长期以来，我国石油企业财务管理的僵化和相关财务管理制度的不合理，导致其存在较大的财务管理风险，严重制约着石油企业的发展。本节通过对石油企业面临主要财务风险的原因进行分析，有针对性地指出提高企业财务管理的对策，希望能够为企业财务管理工作和风险控制工作提供一定的参考。

第十节　客运企业财务风险管理

随着我国市场经济的不断发展，交通行业在市场经济中也占据着越来越重要的位置。本节主要探讨了客运企业的财务风险内容及管理对策，希望为今后的客运企业风险防范工作提供参考。

自改革开放以来，我国的科技发展和经济水平都得到了不断的提升，交通运输行业也发展到一定的高度，本节以客运行业为例进行阐述。客运行业本身存在一定的经营方面的劣势和运行方面的劣势。为了进一步推动客运企业的发展，客运企业需要对财务风险进行科学评估，并采取相应的管理措施，来确保客运企业的健康发展。

一、客运企业的财务风险内容

（一）客运企业资本在运作过程中的风险

客运企业资本在运作的过程中存在着较大的风险。在通常情况下，当客运企业的运营资金使用的是权益资金时，就相当于该企业不存在财务风险。而企业负债的过程是一个消耗成本的过程，如果企业在接下来的运行中无法做到合理运行，将会出现本金以及利润无法偿还的情况，这就使企业存在着较大的财务风险。随着各大客运企业之间的竞争越来越激烈，客运企业的运营成本一直处于居高不下的状态，甚至还有着增加的趋势。客运企业长时间处于这种负债经营的状态中，会面临停线运行的局面。所以企业在资本运作的过程中若不加以管控就会面临财务风险。

（二）客运企业在投资上的风险

在当前客运企业之间竞争相当激烈的环境下，垄断的投资模式将会限制客运行业的发展，而任何投资者对项目进行投资的目的都是获得更高的利润。当然，客运企业也不例外。投资者所投资的项目不会在短时间内收益，而在投资的过程中还会有很多变动。客运企业若缺少科学性的理财依据，就会给其带来较大的财务风险。企业应当在投资方面认清其存在的风险因素。

（三）客运企业的财产风险

客运企业在运营的过程中也存在着诸多的财务风险。这些风险有：由于国家科技的发展不断涌现出新时代的车辆，客运企业为了提升自身的竞争力必然要引进新车辆，所以在运营中的车辆有可能要提前报废，即出现贬值，还有需要维修的车辆设备。随着时代的不断发展，这些具有定值的资产在很大程度上面临着贬值的风险，会给客运企业造成一定量的财产损失。

（四）客运企业在内部财产管理上的风险

企业财务管理人员在操作过程中存在着不规范的现象，或者是做出了错误的决策，这些都在很大程度上给企业带来了财务上的风险，该风险是我国客运企业的管理中广泛存在的一种风险。此外，客运企业的财务管理制度存在一定的不完善性和不合理性，再加上客运企业缺少对财务工作的系统化管理，致使财务管理数据和信息的统计工作存在一定的不合理性和不规范性。

（五）客运企业在债务防范机制中存在的风险

客运企业在债务防范机制中存在的风险指的是，部分客运企业不能认识到自身债务防范机制中存在的不足之处，具体是指客运企业对其有效资金缺少专业的评估，且没有对企业的债务偿还能力进行深入考核，容易出现债务亏损的现象。

（六）客运企业存在的信用风险

客运企业中主要存在的信用风险就是违约风险。这种风险也被称为道德风险。一些欺诈者的行为给企业的财务带来了较大的风险，进而导致客运企业在向银行和其他社会金融机构进行借贷时，容易受到不良影响。

二、客运企业财务风险的管理对策

（一）客运企业资本在运作过程中的风险的对策

客运企业在进行财务风险管理的过程中，首先应当做的工作就是找出适合自身发展的方法，将企业与质量的关系进行协调处理。具体的做法就是将市场的实际需求作为客运企业的出发点，将企业的发展与城市的发展有机结合在一起。客运企业应当开展具有自身特色的服务活动，从自身的实际情况出发，找出自身的优势，做出自己的品牌。客运企业应当合理利用资金，提高企业自身的管理水平，以此来降低投资风险。

（二）客运企业在投资上的风险的对策

客运企业在做好客运运营的前提下，应当充分利用政府所给予的相关政策，以此来降低客运企业的财务风险。为了实现这一点，客运企业就应当转变传统的思维方式，在投资方法上进行不断创新，采用融资等手段进行资金的筹集，通过政府支持、银行贷款、承包等方式筹集资金。与此同时，客运企业还可以充分利用自身的优势来降低资金的投入成本，如发展规模较大、发展时间较长等，以此来降低企业的财务风险，让企业在竞争中健康成长。

（三）客运企业的财产风险的对策

为了能有效控制客运企业的财务风险，客运企业应当详细预算企业的成本支出，制定出详细的企业预算编制标准，并将企业财务管理上的问题划分出几个等级，编制出合理的资金支出流程，使资金的支出计划具有较强的逻辑性、合理性、有效性。在这个过程中，客运企业还应当加强对资金使用效益的考核，对资金的去向进行详细了解，从根源处对财务风险进行控制。

（四）客运企业在内部财产管理上的风险的对策

人是企业发展的动力，也是企业发展的根本。因此，客运企业要想实现对财务风险的有效控制，就应当增强财务管理人员的综合素质，对财务管理人员进行定期的培训并考核，使他们充分掌握财务管理的专业知识，使其知识体系得到不断提升。客运企业还应当制定适当的奖罚措施，将责任落实在个人工作中，激发客运企业财务管理人员的工作积极性，使资金安全得到保障，让客运企业得到长足稳定的发展。

（五）客运企业在债务防范机制中存在的风险的对策

客运企业应当建立完善的债务防范机制，要从企业自身出发，明确其所能承受的债务范围。与此同时，企业的财务管理人员应当将外部的扩张范围与企业内部的发展情况结合在一起，科学合理地进行借贷，尽量规避风险，降低客运企业的财务风险。客运企业要想实现对财务风险进行有效的管理，就要结合自身的实际情况，提高企业的风险意识，正确地理解当前的利益与未来发展之间的关系。相关的财务管理人员应当做好项目评估工作，将眼光放长远，最大限度地提高资金的使用效率，提高客运企业整体的核心竞争力，从根本上降低客运企业的财务风险。

（六）客运企业存在的信用风险的对策

客运企业相应的财务管理部门应当完善风险防控制度。与此同时，财务管理人员还应当将企业的财务水平进行详细考虑，加强对贷款的预算管理。客运企业在进行预算管理的过程中，应当综合考虑资金的来源，并且进行综合的预算。在对贷款的投资管理过程中，客运企业应当考虑到市场经济的实际需要，并从实际情况出发，加强基础设施建设，对资金的使用以及借贷进行周密的计划，降低客运企业的财务风险。

综上所述，客运企业若想有效控制财务风险，首先要做的就是将这项工作加以重视，既应当考虑到财务风险所带来的利益，还应当考虑到财务风险所带来的隐患。将财务风险控制在客运企业所能承受的范围之内，做到"防患于未然"，才能真正实现客运企业对财务风险的自我管理。

第十一节　出版企业财务风险管理

随着当前社会的发展，移动设备已经成为人们日常生活用品，在这样的情况下，很多事情都在移动设备上完成，导致一些传统的企业受到巨大的冲击，其中出版企业就是如此。因此，出版企业必须对自身的管理进行优化，增强自身的竞争力，才能够与移动设备的发展分庭抗礼。在这个过程中，出版企业财务风险管理是非常重要的环节。本节主要对此进行分析，希望为相关从业者提供一定的参考。

一、出版企业财务风险管理的意义

随着当前新媒体的出现与发展，以网络以及移动设备为标志的新媒体出版有了极大的发展机遇。这就导致出版业竞争越发激烈，一旦企业盈利出现问题，企业运行就会陷入困境。因此，当前出版企业为了获得更大的发展空间，在财务风险管理方面非常重视。出版业财务风险主要是指企业财务活动中的风险因素，如资金在筹集、流通和分配过程中，如果没有形成全面的监督和管理制度，就会导致其在利益获取时疏于对财务风险的管理，造成财务风险扩大，最终酿成不可弥补的危机。只有做好财务风险管理，才能够保证出版企业获取更多的利润，从而得到更好的发展机会。因此，当前出版企业才会对财务风险管理投入较多的关注。

二、出版企业财务风险管理存在的问题

（一）出版企业缺乏财务风险预警机制

财务风险管理主要是针对财务中出现的风险进行设置，但是在当前的出版企业的财务工作中，财务风险预警机制缺乏，随着时代的变化，传统出版媒体逐渐受到限制，这就造成了财务风险与以往相比也更加复杂。但是在出版企业的财务工作中，依旧没有形成足够的财务风险预警机制，很多预警都是针对以前遇到过的风险，财务风险管理部门在风险预估上没有结合市场去做，导致了很多财务风险预警无法适应当前的时代发展，财务风险管理无法对当前发生的风险做出及时的预警，无法及时对风险进行控制，致使出版企业受到一定的损失。同时，出版企业财务风险预警模式过于单一，这就导致了其在预估的过程中，很多时候不够全面。后期出版企业在对风险进行控制的时候，由于缺乏足够的预警，预估往往缺乏针对性，因此风险排查工作效果也较差，对出版企业的风险管理工作推进不利。

（二）出版企业财务风险管理意识淡薄

出版企业当前面临着前所未有的竞争环境，因此企业想要提升自身的竞争能力，就需要加强其内控制度建设。但是在具体的实施过程中，很多的企业缺乏内控制度，在内控的过程中，往往只限于财务部门，无法对企业整体进行控制，这使内控无法实现全面高效。财务风险管理是需要内控进行配合的，但是当前内控制度无法满足财务风险管理的要求，再加上当前很多出版企业财务风险管理意识淡薄，随着我国市场化建设的不断深入，当前市场情况已经发生了非常大的变化。出版企业由于模式较为固定，并且国内的市场较为成熟，因此暂时受到的冲击较小，但是随着电子媒体的出现与普及，传统出版企业如果不进行改变，在当前的国内市场中，必然会受到极大的冲击。

（三）出版企业投资与资金回笼缺乏足够的风险预估

为了能够增加自身的收入，出版企业会进行一定的投资，但是在投资的过程中，由于投资风险主要来源是投资业务，实际收益与预期收益之间存在差异，一旦没有做好调研，最终实际收益会与预期收益相差甚远。出版企业的很多后续工作是建立在预期收益之上的，一旦出现偏差，对后续工作的冲击是非常大的。在出版企业投资的过程中，市场往往变化多端，很多的投资在资金回笼方面存在延迟。尤其是在一些风险较大的行业进行投资时，一旦出现风险情况，

投资收益就会面临大幅缩水的现象，甚至会对出版企业运转造成影响，这也是当前出版企业较少涉足投资的主要原因。

（四）出版企业财务管理人员业务素质不足

财务工作是一个知识更新较快的工作，因此财务管理人员需要不断了解最新的财务知识，不断完善自身的财务知识体系，这样才能够满足工作需要。随着我国社会主义市场经济不断深入，财务工作面临的问题也越来越多，很多的财务管理人员在面对财务问题的时候，由于知识较为落后，对于很多财务风险管理方面的处理都难以达到要求，最终造成了企业财务风险管理工作陷入困境，阻碍了企业的发展。

三、出版企业解决财务风险管理工作中问题的对策

（一）构建完善的财务风险预警机制

财务风险的成因较多，因此在分析的过程中，应该进行综合考虑。在建立财务风险预警机制的时候，企业需要从多方面进行机制的构建，这样才能够有效增强出版企业抵御风险的能力。因此，在财务风险预警机制的建立过程中，首先应该引入财务风险预估模型，并且根据企业运行的经验以及市场上对财务风险的应对方式对模型进行修订，让财务风险预估模型能够符合当前财务工作的需求，在风险形成之前对风险做出准确的预测。财务风险管理人员在面对财务风险的时候，可以采取多种途径对财务风险管理方式进行优化，如采用风险分解、风险转移等策略，降低甚至消除财务风险负面的作用。财务风险预警部门需要对市场保持长期的关注，对出版企业实际面临的情况进行及时了解，并且根据实际情况对财务风险预警系统进行优化。只有这样，才能够保证出版企业财务风险管理工作的效率，让出版企业财务风险能够及时得到控制。

（二）树立财务风险管理意识

出版企业需要对自身的管理方式进行优化，很多出版企业建立的时间较长，同时在长期的发展过程中，相较于其他的企业竞争较少，这样的情况造成了出版企业在内控方面是较为薄弱的。因此在当前的出版企业发展过程中，想要对财务风险进行管理，必须先加强自身的内控体系建设，让内控不再局限于财务部门，而是需要全体部门都遵守。以此为基础积极推动财务风险预警机制建设，并让其成为企业文化的一部分，这样财务风险的管理就会渗透在出版企业的方方面面。同时，在财务管理流程上，可以选用企业内部优秀的财务管理人员进行管理，也可以从外部聘请高素质人才，确保财务管理工作能够顺利开展。在

企业内部进行新技术的普及与运用，可增强企业内控硬件设施，同时提高企业财务风险管理水平，促进企业财务风险管理工作的优化，建立起风险管理体系。

（三）加强资金回收以及投资风险评估

投资是当前很多出版企业创收的手段之一，在投资的过程中，如何确保自身的资金回收符合标准，主要的方式就是将风险评估体系引入投资过程中。在投资之前，企业需要对被投资用户进行信用评估，并且按照信用级别进行界定，对不同级别的用户投资额度也是不同的。财务部门需要及时对对方的财务信息进行审核，以此建立全面的风险信息库，并针对风险信息进行分析，从而得出其中资金回收的风险，以风险评估结果进行投资工作。企业在签订合同的过程中，也应该将一些法律条款附加其中，以此保证自身的利益，在出现风险的时候，及时从法律层面对自身的权益进行维护，保证自身的回款安全。

（四）提升财务管理人员的业务素质

财务管理人员的水平对财务风险管理工作有着非常强的影响，因此需要在出版企业内部加强对财务管理人才队伍的建设，加大员工的培养力度，让员工能够更加准确且及时地应对财务活动中出现的风险。在这个基础上，优秀的财务管理人员还能够对企业财务中存在的问题进行优化。除此之外，在员工入职的时候，企业应该加强对新入职财务管理人员专业能力方面的考核，入职之后，定期对员工进行培训，并且建立内部交流制度，促进员工提升。设立奖惩机制以及晋升渠道，提高员工的积极性，以此促进工作的开展，保证出版企业财务工作的提升与发展。

综上所述，当前出版企业陷入危机，一方面原因是当前社会的发展，另一方面原因则是自身管理措施的缺乏。因此要想缓解当前的危机，企业必须对上述两种情况进行改变。社会发展企业是无法改变的，因此企业只能从自身管理方面着手，其中对财务风险的管理就属于企业管理方面的内容。只有强化企业管理，出版企业才能够适应社会的发展，从而保证自身不会被社会所淘汰。

第十二节　天然气企业财务风险管理

人们的生活、工作对天然气的需求与日俱增，给天然气企业的快速发展带来可能，同时伴随着发展机遇而来是挑战，如何在激烈的市场竞争中增强综合竞争力是各大天然气企业需要思考的重要课题。强化企业内部财务风险管理是不错的选择，亦是推动天然气企业长远可持续发展的途径，应引起企业的高度重视并采取相应的措施。

随着天然气行业的兴盛，涌现出大批天然气企业，如新奥燃气、百江燃气、贵州燃气等规模较大的天然气上市企业都要在竞争激烈的市场中抢占份额，进一步加剧了天然气市场上的竞争。为了最大限度地保障自身长远发展，通过加强内部财务管理，有效规避财务风险来增加外部竞争力成为天然气企业的有效发展途径。

一、天然气企业内部存在的具体财务风险

第一，市场环境关注度不够，财务风险意识有待提升。天然气行业的发展受外部环境因素影响较大，集中表现在三方面。首先，我国自加入世界贸易组织后，自身原有的贸易保护壁垒被彻底打破，与国际接轨后，势必会受到国际市场上天然气供需与价格波动的影响。加上大量海外天然气巨头的涌入，给国内天然气企业的长远可持续发展带来巨大影响，促使其成本上升，财务风险增加。其次，天然气属于前期投资大、资金回报周期长的行业，由于无法按时归还银行贷款，导致其存在一定的信贷危机。基于国家出台的信贷政策，银行能收回对天然气企业的相关贷款，或是直接调高贷款利率，这样增加了天然气企业的融资成本。最后，天然气企业与其他产品建立了较为健全的产品供应链，然而在国家政策的影响下，上下游产品市场价格起伏波动也会在无形中增加天然气企业自身的财务风险。同时，有一些天然气企业在利益的驱动下，缺乏相应的财务风险意识，没有结合市场和自身实际建立相应的风险预警机制，增加了财务风险出现的可能性。如只注重天然气市场的开发，对合作单位进行的尽职调查停留在表面，缺乏深层次的调查，可能出现的合作经营风险没有暴露出来。

第二，缺乏健全的财务管理制度，财务风险控制力度有所欠缺。就目前天然气企业面临的财务风险来源而言，除了外部市场环境外，自身内部因素也不少。首先，财务风险意识的缺乏使很多天然气企业也没有相对健全的财务管理制度，特别是在预算方面，有的企业缺少预算这一重要环节，或是存在预算的科学性和准确性有待提高的问题，使投入与回报不相符，影响到企业的经营利润。其次，天然气企业多会涉及开采、输配气、销售等一系列环节，需要进行动态系统的监控，以控制成本，但现实中企业的成本控制远远不足，财务管理制度流于表面，财务风险控制力度不足，影响了企业对财务风险的良好管控，导致财务风险内控低效。最后，企业资本结构不尽合理，利润分配不够科学，盲目扩张投资，都会严重影响企业自身资金的使用，引发较大的财务风险与危

机。加之一些天然气企业对现金流管理不够重视，致使应收账款比例越来越大，埋下了严重的现金流风险，逐渐将企业推向危机，甚至破产的边缘，给整个企业的发展造成巨大的经济损失。

第三，财务人员素质有待提升，财务风险管理手段落后。众所周知，财务风险伴随着财务活动而客观存在，这意味着只要有财务活动就势必存在着财务风险。然而不少天然气企业的财务人员风险意识淡薄，对财务风险的敏感度不够，且坚持固守自己的职责范围，缺乏与其他部门的共享交流，难以及时防范财务风险。另外，企业缺少对财务人员专业技能和综合素质的培养，一些财务人员对其自身成长与发展没有明确目标，导致财务人员在很大程度上以满足现有工作要求为出发点，而没有钻研与本行业有关的特殊业务以及具有行业特性的处理模式。这样使其在财务风险方面敏感性不足，直接导致其企业财务风险管理意识不强，管理手段落后，严重制约了财务风险管理的效率和质量提升，从而影响天然气企业的长远发展。

二、加强天然气企业财务风险管理的建议

第一，提高对市场环境的关注度，健全财务风险预警机制。天然气行业的发展与市场环境息息相关，尤其是天然气的开发和销售都受到政治、经济、军事等因素影响，为此必须引起我们的高度重视。天然气企业领导层应当组织建立专门的市场管理部门团队，重点负责研究天然气市场内外部环境，利用现代管理手段和信息技术，加强对市场环境信息数据的收集、整理、分析，预测天然气市场的发展趋势，及时调整企业的开采、管理、销售计划，最大化地满足市场供需。

首先，要对国外天然气供需与价格信息高度关注，结合国内外市场趋势提前做好应对准备，避免措手不及，削弱市场份额，影响自身的利润收入，诱发财务风险。同时要积极分析海外天然气巨头的优势，吸取更多的经验和教训，提升自身的风险抵抗能力。其次，为了降低自身的融资成本，企业在进行投资时一定要坚持不要将鸡蛋放在同一个篮子里的信念，留有充足的周转资金，并时刻关注政府新的政策法规以及银行的政策、利率调整等信息，避免出现高成本融资的情况，增加财务风险。最后，在进行各种市场环境信息收集、整理、分析时，企业不能忽略其上下游产品市场的各种信息，应及时进行协商调整，做好万全的准备，避免因上下游产品市场价格波动影响自身的正常运作。

当然为了有效防范财务风险，企业还可以结合外部市场环境和内部实际情况健全财务风险预警机制，加大对天然气相关信息数据的收集、整理，为天然

气企业各项财务管理活动的有序开展提供理论依据。同时，财务风险预警机制要始终贯穿整个财务管理工作，坚持以全面、准确的信息数据为依据，对企业经营活动进行实时、动态的跟踪观察，以便及时发现财务管理活动中潜藏的风险，并对其进行科学合理的预测与评估，提出行之有效的预防对策，降低风险对整个企业发展的影响。

第二，加快财务管理制度建设，加大风险控制力度。首先，在现代管理理念的指导下，企业在财务管理过程中要始终坚持以预算管理为主，确保天然气企业的预算独立，在客观真实原则下，以企业经营实际数据资料为依据制订科学合理的预算计划，并健全相应的监督管理机制，对财务预算执行情况进行全程监督考察，确保资金划拨、审批、支出等都符合预算计划，以便加强对财务风险的防范，避免不合法、不合规行为带来一系列贪污、挪用、占用、舞弊等行为，给企业带来巨大的财务风险，甚至使企业走向破产。如美国安然公司破产的一大原因就是通过财务舞弊，作假虚增利润，利用财务制度漏洞增加财务风险。尤其是针对企业的投资项目，要就项目周期、回报率、存在的风险等各个因素进行全面综合考虑，尽可能做到回报高于投入，以增加企业的利润，避免因资金链断裂而出现财务风险。其次，在天然气企业中成本控制也是不可或缺的重要环节，加强成本控制与企业预算的有机结合，对各个环节分步骤进行成本费用控制，并逐步完善成本控制制度，有效减少不必要的成本支出，让成本控制管理更加规范科学，以降低成本费用的支出，提高财务风险控制水平。最后，要提高对企业资金管理的重视程度，优化内部资本结构，积极吸收银行信贷资金，灵活调整信贷结构和收益分配，做好对现金流风险的防范，在科学预算编制的指导下谨慎投资，避免盲目扩张投资行为的出现，最大化地保障企业资金处于可健康利用的状态，以维持天然气企业的良好运行。与此同时，企业还要完善财务管理考核评估制度，具体落实到财务管理内部的各个方面，确保企业在经营能力、发展能力、盈利能力和还债能力等方面较强，让财务管理工作更加精细化、规范化、科学化，提高财务风险控制水平。

第三，引入财务信息化管理手段，建立高素质的财务管理队伍。天然气企业领导层应尽快建立一支素质高、专业强的财务管理队伍，以便结合企业经营目标科学合理地进行成本费用和利润预算控制，以完善的财务报表为企业决策提供有价值的信息依据。在选聘财务人员时，要加强对财务人员专业技能、综合素质的考察，并根据他们自身的能力提供合适的财务岗位，最大限度发挥他们的财务管理职能作用，有效防范财务风险。同时，企业针对在岗人员还要定期或不定期地组织专业技能培训学习，积极鼓励财务人员学习最新的财务会计政策知识，并结合内外部环境改善财务风险管理方法，使财务人员更新自身的财务知识体系，掌握更多、更全面的财务动态信息，做好企业各个业务的财务管理工作。当然为了第一时间发现财务风险，准备好财务应对之策，企业还需要引进先进的信息化管理手段，对天然气的开采、运输、销售等各个环节的业务活动进行动态跟踪管理。借助计算机平台建立财务信息共享管理系统，实现天然气各个业务与财务管理的有机结合，加强整个企业内的信息共享，以便提高财务风险管理效率。

综上所述，随着天然气行业市场竞争的日趋激烈，为了增加市场份额，确保自身长远可持续发展，增强财务工作在企业运营中的重要支撑作用，天然气企业加强财务风险管理势在必行。其从外部环境、内部制度、财务人员等方面着手，能进一步提高财务风险管控能力，夯实企业实力，推动企业发展。

第五章 大数据时代下的企业财务风险管理的理论

第一节 大数据背景下企业财务风险

随着科技的迅猛发展，各行各业都迎来了大数据时代。互联网技术的普遍应用，显著提高了企业的工作效率，同时也给企业带来了更大的财务风险。本节探讨了大数据背景下企业所面临的财务风险及其背后成因，并提出在大数据背景下企业财务风险的防范措施，以期促进企业的可持续发展。

如今，大数据已经渗透到各行各业，成为重要的生产因素，我们已迈进了数据改变生活的大数据时代。在大数据背景下，企业之间的竞争更加激烈，企业若想在市场上获得发展，就必须将互联网技术进行科学应用，以达到理想的收益；反之，若对互联网运用不当，企业就会被社会所淘汰。鉴于此，为使企业在大数据背景下可以实现稳定且快速的发展，企业相关部门必须要充分了解现阶段企业的财务管理现状，利用现有资源进行财务风险的预测与防范。

一、大数据背景下企业财务风险的分类

（一）筹资管理风险

企业的筹资方式主要包括股权筹资、债务筹资和混合筹资，每种筹资方式都存在一定的风险。在大数据背景下，互联网金融的广泛应用以及信息化的普及，使企业的筹资风险也更加显著。虽然股权筹资成本较高，但是相对来说筹资风险较低。债务筹资相对股权筹资来说，增加了不能及时偿还债务的风险，可能引起一系列对企业的不良影响，相对来说风险更高。而在大数据时代下，这种风险会更加显著。

（二）投资管理风险

在大数据背景下，企业想获得更多的数据就必须投入更多的精力，这导致了成本的增加，进而也导致了投资风险的增加。投资收益与投资风险呈正相关关系，因此投资风险越大，企业可能获得的投资收益越高，反之亦然。

（三）经营管理风险

在企业的日常经营活动中，由于管理者有限的管理能力和决策水平而导致企业出现资金周转不力、运营困难等问题的情况时有发生，这对企业的收益与运转造成不良影响。在大数据背景下，财务信息来源广泛，在互联网金融的影响下，企业的财务数据规模迅速扩大，若企业没有对日常经营活动中的各种财务数据进行完善的分类处理，不仅可能导致企业无法获得收益，还可能会陷入危机。

二、大数据背景下企业财务风险的成因

（一）企业外部因素

企业的外部环境与内部管理都会直接影响到企业的发展，任何一方面出现问题都会导致企业财务风险的加大。在大数据背景下，如果企业只重视发展技术而忽视了整个市场的总体技术环境，那么将会导致企业产业结构发展落后于市场变化，影响企业做出正确的战略调整，使企业发展受阻。若企业没有密切关注国家政策的更新，那么企业不仅可能错过发展的机会，甚至可能会出现决策偏差，从而陷入危机。另外，任何企业的生存都离不开金融市场，企业的资金获得需要依靠证券市场。而目前证券市场和金融体系还有很多需要进一步完善的地方，资金来源一旦出现问题，就会影响到企业一系列的生产经营活动，企业的财务状况也可能出现问题。

（二）企业内部因素

一是财务管理观念落后。许多企业为了迎合时代的发展，适应新的发展环境，纷纷将大数据融入企业的方方面面，以求获得更好、更快的发展。然而，在网络迅速发展的同时，许多企业的财务管理人员却不够重视财务管理的信息化，导致其管理观念落后，信息化财务管理水平低，从根本上阻碍了企业的信息化发展，影响财务部门的工作质量。

二是财务技术人才匮乏。财务部门作为应用大数据的重要环节，需要大量的财务管理人才与信息化技术人才。但对我国来说，大部分企业并没有大量专

业的信息化技术人才，而培养专业的财务管理信息化技术人才需要一定的时间和资源。因此，我国大部分企业财务管理信息化技术人才的匮乏也在很大程度上限制了企业的信息化发展。

三是财务数据容易丢失泄露。财务数据安全问题对于企业来说至关重要，在大数据背景下，该问题无疑更为突出。在大数据背景下，企业若想利用大数据技术提高财务管理水平，就必须收集海量的基础财务数据，而这些数据都是通过互联网与平台上的其他企业实时共享的，这说明企业在搜集数据的同时也会造成企业本身重要数据及信息甚至商业机密的丢失与泄露，导致与企业信息泄露相关的财务风险发生。

四是财务决策失误。财务决策是企业高层管理人员根据现有的财务数据以及以往经验做出的对企业未来发展产生影响的决策。企业高层管理人员的决策失误可能引发企业的财务风险。财务人员能力不足导致数据分析出现误差，领导层对财务人员的建议不够重视，企业内部风险预测、控制系统不完善等因素都会导致企业高层管理人员的决策出现失误。

三、大数据背景下企业财务风险的防范措施

（一）持续关注企业外部环境

市场经济的长期发展存在着既定的规律，企业若想规避风险，抓住机遇，就应该持续关注市场经济的发展情况，同时也要持续关注国家发布的相关政策，可以充分利用优惠政策，增加企业的经济效益。

（二）转变财务管理观念，创新财务管理模式

面对大数据的飞速发展，只采取原有的财务管理模式肯定是不够的。企业还应该及时学习先进的信息化管理技术，结合企业实际情况，构建符合企业发展现状的信息化管理体系，并及时关注信息化发展进程，不断对现行财务管理模式进行创新，以确保财务管理的先进性。

（三）提高员工风险防范意识

在大数据背景下，要降低企业财务风险以及确保企业决策的准确性，就必须保证企业获得财务信息的准确性。在利用网络处理数据的阶段，企业管理人员与财务人员都应建立正确的风险防范意识。尤其在大数据时代，财务人员需要面对大量的复杂数据，因此财务人员也更有可能出现错误。财务人员应该时刻保持警惕，避免出现错误。而企业的管理者更应该增强风险意识，谨慎做出每一个关乎企业未来发展的决策。

（四）加强企业人才队伍建设

现阶段，财务人员在企业财务管理活动中起着重要的作用，因此加强企业财务人员能力的培养十分必要。企业可以对财务人员进行大数据相关知识的培训与考核，在财务人员之间营造竞争氛围，促进员工专业能力的提升。另外，企业还应该注重培养专业的信息化技术人才，这能够使企业更好地适应大数据时代的发展，避免在发展的进程中走弯路。

（五）保证财务数据安全

财务数据的泄露是大数据时代一个不可忽视的问题，也是企业财务风险的重要来源。因此，为降低财务风险，企业必须确保财务数据的安全。在实际操作过程中，企业可以建立数据使用权限，实时保护相关数据，设立科学有效的"云存储"，全方位安全地管理财务数据，以降低财务风险。

综上所述，风险与机遇并存，互联网的发展为企业提供了快速发展的机遇，同时也带来了许多风险。在当今时代，企业若想发展就必然要承担一定的风险，只有对大数据充分了解并加以合理运用，才能从根本上降低风险，为企业的发展注入新鲜血液，在激烈的市场竞争中实现稳定发展。

第二节　大数据时代企业财务管理面临的挑战与变革

随着互联网经济的发展以及大数据时代的来临，现有的财务管理理论和实践发展迎来了新的挑战和变革需求。本节从实际出发，把内容的重点放在当前背景下，论述企业的财务工作所面临的挑战和需要做出的变革，包括企业的盈利变化、决策信息边缘化、开放投资标准变革、企业改革创新、运营风险管理理论以及投资方式的改革。

一、大数据时代解读

大数据的定义是能够运用各种途径来获取大量的信息。企业可以利用计算机对大量的信息进行管理或是进行攫取等处理。"大数据"一词的正式出现是在 20 世纪 90 年代，但是当时对于"大数据"的定义还比较模糊，直到麦肯锡公司对"大数据"进行了非常详细的解读，同时其也较为详细地阐述了"大数据"的具体运用以及相关的影响。通过了解"大数据"的定义并进行分析可以得出，只有使用新的处理模式及相关的措施，才能完成对大数据流程的优化，同时实现供给信息等目标。第三次科技革命促使信息技术实现高速发展，在这样的社会背景下，大数据应运而生。人们的各种信息，如地点、频率等都可以进行记录，并且通过互联网对这些收集到的信息进行整合，然后将这些信息进行储存，以此来构建一个规模极大的数据储存地。伴随着经济的不断进步，记忆科学技术的高速发展，大数据已经蜕变成为一种全新的技术。通过大数据技术能够提取数据中储存的海量信息，并根据需要加以整合，然后进行分析。

二、大数据与经济发展

经济的快速发展，在技术上为大数据处理带来了一些难题。大数据的发展并非依靠社交媒体或者生活服务等形态来进行经济方面的渗透，大数据时代的跨越是随着全球化的推进、数据凸显上的发展而进行的。《大数据时代》一书中已经明确指出："大数据其实是一种商业价值的资本，也是企业发展重要资本的积累，在经济发展中，要以创造经济利益为目的。当前，要发散思维结合经济发展状况，有效地处理好大数据的应用关键。"

三、大数据时代企业财务管理面临的挑战

大数据时代来临，代表着企业需要把大数据应用到工作中，这之中需要企业对财务管理工作进行严格管理，确保大数据技术的应用符合标准。大部分企业在运营时都不注重改革技术以实现技术的高效率，导致大数据对企业的财务工作形成了阻碍和挑战。这之中的问题就包括：股东价值的计量与提升路径是什么？财务风险如何计量与防范？公司财务理论应该如何服务于公司财务管理实践？财务理论是否需要重新构建？企业在进行财务理论变革时，需要正视现行理论所有的局限性，避免对理论变革产生阻碍，以防变革后的新理论产生的作用被削弱。想要解决企业财务管理工作中所面对的大数据技术难题，就只有科学合理地处理好大数据。企业可以将金融理财方面作为突破点，发挥金融在理财方面的配置作用，并在此基础上进行提高，借此让企业在财务管理工作上取得更好的成绩。

企业需要从科学合理的角度去定位大数据在财务管理上的地位，确保大数据处理能在企业财务管理中恰当地使用。财务管理人员在企业中的地位十分重要，他们能够促进企业的发展。当企业的资本模型中各部分比例发生变化时，就需要对企业的融资渠道加以改革，与此同时还要注意企业流动资金的剩余。如何发展企业的金融业务，这是所有企业都需要面对的现实问题，发展金融业务也是提高企业财务处理能力的有效途径。

四、大数据时代企业进行财务管理变革的要点

（一）财务管理内涵的变革

企业需要跟上时代的节奏，把突破点放在大数据对企业发展提出的挑战上，实现科学规范地发展企业财务管理。要对企业的财务管理工作加以细化，让其他对财务管理了解不深的人也能很好地理解。冲破大数据带来的种种制约与束缚是企业未来发展的客观需要，在具体实施财务管理的过程中，要把企业的决策和评价有机融入，想要做到这点需要包括企业债权人和债务人等在内的企业所有人一起合作、努力。企业内部同样有着很多知识需要去重点关注，如企业所有的利润和流动资金的流向等。企业估值的基本方法应该以利润收益率、市场发展的净增率这两项为估值的基础。但是，全球的资本市场现在的走向和现在使用的财务理论所主张的价值出现了越来越大的偏差。腾讯公司2014年的财务报告显示，其净利润只有125.93亿元，但腾讯公司的最新市值却高达9124.50亿元。反观同年利润达到了350亿元的中国石化公司，它的公司市值却只达到了6000亿元。从这两者的对比中可以看出，进入大数据时代后投资者已经不再以企业利润、现金流以及企业的营业收入等财务信息为主要关注点，在大数据背景下，投资者更加看重的是企业所具备的创新能力和企业本身实施的商业模式。同时，企业在市场中的竞争力也是大数据时代中投资者的主要关注点，而这些能力的强弱与企业本身所具有的资产规模并没有直接关系。

（二）投资标准的变革

财务理论关乎企业的运营机制，是一个在投资决策方面的机制性问题。资本回报率和股东收益的特殊要求都在研究财务理论的过程中得以体现。在企业对大数据背景下财务管理工作的改革进行研究讨论时，财务学领域有能够借鉴的用于评估投资项目的方法。同时这种方法在大数据时代下也存在着弊端，想要解决这样的问题，只能在评估的方法上面入手，尽量避免不合理、不科学的做法，以此才能对投资项目未来所需要的资金进行正确的预测，同时在改革过程中还需要将传统的评价技巧融入其中。

（三）财务风险的管理理论重新构建

降低风险是企业财务工作的核心所在，对风险的管理也是贯彻企业财务工作的重点。这种观点与企业管理也有着密切的联系。想要实现财务工作的科学化管理，就需要企业能够通过各种形式对高科技人才进行引进，让他们在对项目的统计分析中提出有效规避风险的方法。我国现有企业近年来对风险的评估

机制的改革都有自己的标准和特点,这让企业在面临风险时容易处在不利地位。而一个企业如果不能有效解决大数据提出的问题,那对于企业来说就是致命的,甚至有可能让企业被社会所淘汰。现有财务理论在规避风险方面所能提供的解决方法大致有两种:一种是对企业的资本结构进行适当的动态调整;另一种是与投资组合的思想(来自证券投资的理念)加以结合。在进行投资时,投资遇到的风险问题对企业造成的损失可能会难以估量。在对企业的价格波动进行衡量时,企业本身对风险的控制能力是衡量的重要标准之一。不同企业间其内部所有的风险大小也是不同的。风险的存在是无法消除的,因此企业的首要任务不是去消除风险而是去尽量规避风险。企业在进行项目投资前,对于可能面临的风险需要做出准确的评估,这种经验的积累需要企业在市场中逐渐学习。经济的高速发展会对企业产生刺激,促使企业进行投资活动,这就让企业面临一定的风险。所以企业在谋求更大利益的同时,还能够做到有效规避风险的话,这对于企业的发展就会有相当重大的意义。

(四)重视对人才的培养

随着大数据时代的来临,企业还想保持长久、稳定的发展,就需要培养具备丰富理论知识,还有创意思维和有关能力的人才。加强对人才的综合素质培养是一个企业必备的方面。而要想做到这些,除了在进行员工的招聘时严格把关外,对已经聘用的人员还需要定期进行与工作相关的知识理论培训,也可以请专业人士为他们定期培训。

(五)融资模式的变革

在传统的财务管理模式中,企业融资的主要途径是通过银行贷款。而随着信息化的加深以及大数据时代的来临,企业逐渐采用轻资产模式,并逐渐摆脱曾经的重资产模式。轻资产模式的独特之处就在于它能够有效降低企业的资本投入,在企业内部进行融资或者利用供应商的资金进行盈利。

在对大数据时代进行充分了解和考虑的基础上不断创新,能够及时地修正企业经营模式中不合理的地方,要给企业融资制定一个合理的审核程序,积极推动企业财务在大数据时代背景下迈入互联网。财务管理工作是企业各项工作中的重中之重,财务管理工作能够维持企业的运营并促进企业向前发展。这对于一个企业来说是相当重要的竞争力,能使企业在越来越激烈的市场竞争中生存并发展。

第三节　大数据时代企业财务风险防范

随着社会经济体制的不断改革和完善，企业对大数据实际应用的关注度逐年提高。而大数据给企业带来的优势也是显而易见的，其中最显著的就是可以帮助企业进行全方位的发展。就目前而言，大数据在拓展企业运营模式的同时，也给企业带来了一定的财务风险。尤其是大数据在税收、盈利和企业财富等方面的影响，给企业带来了很多困惑。在这种情况下，对于大数据时代的企业财务风险防范这一课题的研究就显得十分必要。本节对以上提出的问题进行了深入探讨，并为行业内的可持续发展提供了合理化的建议。

从某些层面上来看，大数据时代是计算机技术的再次更新与发展，而大数据分析与财务发展方向具有一定的关联性，这主要体现在目前企业都积极地将大数据信息运用在企业财务的建设当中。因此，企业非常关注计算机技术的发展，如果因大数据时代性的相关内容建设没有完善，导致企业内部出现一系列的财务问题，会阻碍企业的经济发展，也不利于企业内部的平衡。基于以上状况，有关在大数据的时代背景下，企业进行有效的财务风险防范等内容，本节进行了全面的分析与研究，以期为确保企业的平稳运行提供参考。

一、大数据时代"云会计"的特征

"云会计"以计算机为主体，凭借计算机对数据进行分析。这种方式只需要通过引流对大数据进行接入，在相应的平台下进行云计算，进而对企业的财务风险进行合理评估与防范。

在大数据时代的背景下，数据的自我生成速度不断提升，这就要求企业处理财务数据的能力要不断增强。在计算机平台的"云会计"系统当中，企业要不断完善会计信息服务的能力。在大数据时代背景下，为了使会计数据得到迅速而有效的处理，企业可以利用云平台的优势，对会计数据信息进行深入研究和处理，有效预测企业的未来发展状况，进而提高企业对于财务风险的防范能力，起到预警作用的同时也可以让决策更加精准。"云会计"的外部协同能力较强，有效地克服了空间限制，对用户没有了固定场所的限制，只需要借助网络就可以实现会计信息共享。这在很大程度上提高了财务人员的工作效率，并实现了信息的内外协同。

当前很多企业都在采用大数据时代下的"云会计"手段进行企业的财务决策。所谓大数据，就是指大量而又杂乱无章的数据综合，大数据是一个还没有专业化的名词。因此，进行高效的信息分析处理工作是相对复杂的事情。之前的信息技术水平已经不能满足这样高速发展的时代背景，计算机技术的有效运用是必然的手段。其中具有代表性的就是"云会计"，这种手段的运用最大限度地节约了人力成本，充分弥补了传统会计当中存在的不足，进而改善了传统会计准确率低、效率不高等问题，从而为不断优化企业的决策流程提供有力的技术支持。

二、大数据时代企业财务风险现状

目前，"云会计"还是一个大数据时代下的新兴产物，在我国的发展还不成熟，由此会导致一定的财务风险，主要包括以下几点。

第一，实现"云会计"的良好落实所依赖的云计算技术还不成熟。毕竟会计是专业的领域，不是云计算的成熟就能实现"云会计"的成熟。

第二，会计信息化的标准和法律法规还不完善。这就有可能导致企业财务信息虚假，就意味着企业的财务制度不够完善，甚至是缺乏，也就意味着企业财务系统混乱。

第三，会计信息化的共享平台存在安全隐患。比如，目前流行的勒索病毒就能轻易地加密一家企业的会计数据，不管是应对病毒的侵入还是事后还原数据，对企业来说都是极高的成本，甚至是极大的损失。

三、大数据时代企业财务风险具体管理措施

（一）完善"云会计"相关法律法规，构建信息共享平台

传统的会计信息储存空间不足，安全无法得到保障。到了大数据时代，大数据最基本的特征就是数据量巨大，强调信息储存的全面性与持续性。但其在实际操作当中运用了很多信息系统工具，各信息系统工具之间是孤立的，没有实现大数据的优势。由此导致了管理层无法获取完整的企业信息，极易陷入以偏概全的境地。

随着"云会计"渗透整个大数据之中，分布式处理、分布式数据库、云存储和虚拟化技术成为整个大数据的依托。"云会计"工作模式的出现，为传统的财务工作带来了很大便利。这种引入计算机管理的基本模式，通过互联网增强了企业的财务管理能力，当云计算替代了人力资源，企业就可以实现更高级别的数据存储与数据整合，还能保证数据不占用企业自身的存储空间，完美保存在互联网的数据中心，使会计工作人员突破时间与空间的限制，也可以最大

化地确保财务数据的准确性，从而提高财务管理的公正性。因此，企业可以充分利用大数据，在政府的引导下完善信息技术相关的法律法规，建立信息集成体系，利用大数据的优势避免财务决策出现偏差，进而对企业的财务预算产生正面影响。

我国现代企业在不断发展，其中涉及诸多内容。部分现代企业会开展多元化的业务，促使企业朝着集团化方向发展。"云会计"要想适应这种大数据时代下的发展，就必须完善相关的法律法规，并以此作为支持。

（二）挖掘增值业务，创造新的盈利点

增值业务具有多元化的特点，综合性较强。在大数据时代下，我们应当充分利用大数据的信息共享优势，主动挖掘可以实现的增值业务。我们可以通过信息共享平台对比分析企业的盈利点，将主要工作重心放在改进只以传统产业为盈利点的产业当中，进而提高企业的实际经济效益，实现大数据环境下的盈利点创新。

（三）加强企业财务预警与预算

企业的财务预算是防范企业财务风险的主要措施。在大数据时代下，企业可以在财务风险预警工作的开展过程中，围绕企业内的大数据平台，进行具体的财务风险预警方法创新。因此，合理开展企业财务预警是必要的。企业财务风险的预算要充分利用大数据技术进行分析，结合企业自身的防范意识与抵御能力进行合理预算，最终达到提升企业风险防范能力的目标。预算管理可以让企业最大限度地了解其未来可能面对的财务风险以及当前的财务状态。由于是对未知事物的提前预算，其具有一定的未知性，缺乏一定的准确性。要想改变这一现状，企业应从以下两个方面加强改革管理。

一是增强预算的全面性。当前，企业在财务预算当中很难真正融入计算，企业管理层对财务预算的重视程度较低，相关工作人员的预算能力不足，从而导致计算的内容不够全面，准确性不高。因此，在大数据时代下，企业要引入"云会计"的理念，进而保证预算的精准性。

二是设置警戒线。在企业预算当中，很少有人注意到警戒线设置。这是一种必要的财务预警形式，当企业内某项财务计算超过或达到预警值时，企业就应当引起充分重视。

（四）建立财务风险制度

企业财务风险管理体系是否建立，是衡量一个企业是否发展成熟的标志之

一。因此，企业应随着经营状况和周边环境的变化相机而动，以应对企业运营过程中的潜在危机和风险。企业组织结构建立不得当，会导致其盈利能力下降，资金紧缩，由此企业承受风险的能力也就降低了。

在大数据时代下，要充分利用计算机技术的优势，对企业的基本发展状况进行充分分析，吸纳可操作性强的运营经验，建立财务风险的有效管理机制。

其一要充分利用大数据的背景，建立基础数据库，通过对数据库的定期更新，做出分析与对比，形成长期的风险概率的走势图，为企业提供有效的数据资料。其二要合理使用大数据云系统，建立财务凭证的保管机制，收集整理重要的信息资料，安排技术型专职人员负责这项工作。其三要成立风险防控小组，在基础数据库的基础之上，成立专门的防控小组，最大限度地减小给企业带来的经济负担，确保企业经济利益的最大化。同时，企业管理层应当加强对风险的防范意识，及时准确地引导相关运营人员积极主动地参与企业经济建设工作。通过建立工作人员的绩效考核机制，企业应做到依据规章制度做事，奖惩相互协调，实行以奖励为主、惩罚为辅的工作人员奖惩机制，从而建立起全面的风险管理体系。

第四节　大数据时代企业财务风险预警机制

网络信息时代诞生了一大批新兴理念与技术，大数据技术便是其中之一，因而得到了很大的关注与重视，并且被逐步运用到不同的行业领域当中。对于企业而言，其在经营和发展的过程当中难免会遇到各种不同类型的风险，其中财务风险直接关系到企业最终的经济利润。为了进一步降低财务风险造成的危害，保证达到企业既定的财务管理目标，企业应该借助先进的大数据技术，制定出合理的财务风险预警机制及实施路径。本节通过说明企业财务风险预警机制的构建情况，提出了在大数据时代下企业财务风险预警机制的实施路径，旨在有效提升大数据时代下企业财务风险预警管控的总体水平。

在飞速增长的经济发展形势的推动之下，国内的经济环境已经发生了翻天覆地的改变。很多企业在其运营与发展的过程中都会面临着不同程度的财务风险。企业为了在竞争激烈的市场当中占据有利的地位，应该建立相应的财务风险预警机制，明确具体的实施路径，使企业一旦碰到财务风险，便能够有效进行识别与判断，同时不断提升企业财务风险预测的精准度，帮助企业最终获得更多的经济收益。为此，系统思考和分析基于大数据时代下企业财务风险预警机制与路径的有效策略显得尤为必要，这有一定的研究意义与实践价值。

一、企业财务风险预警机制的构建

从财务风险预警机制的种类来看，基于大数据背景，企业的财务风险预警机制包含了常态预警机制、特殊预警机制等不同的类型。其中，前者在企业运营的过程当中十分常见，后者则在企业进行重要决策的时候才予以实施。企业财务风险预警机制包含了反馈预警的结果、评价预警的成效、预警报告的编制、财务风险的判定以及相关数据信息的采集等不同的环节。在数据信息采集时期，有关技术人员运用电脑以自动收集的形式完成企业的运营与整个行业经济信息的更新任务，如常见的行业经济有关的数据信息、相关供应链公司所公布的数据信息以及企业的财务相关数据信息等，企业据此实施科学统计。

对于非结构与半结构的数据信息来说，企业应该对其优先加以分析与处理。半结构的数据信息经过分析之后，可以体现原有数据信息具有的变量情况，并借助计算机实施分析，完成相应的任务。在判断企业风险的过程中，如果借助风险预警机制，企业应该事先对风险的种类加以分析，以便明确是否进行风险预警，这属于预警机制当中的关键环节。计算数据库内拥有的大量相关数据，对其加以系统分析，可掌握有关宏观经济、供应链传导以及行业风险等不同方面的情况，科学辨识企业的运营风险、竞争风险以及法律风险等。

以当前的财务预警机制而言，当企业进行量化的结果已经高于相应的风险预警临界值时，这一机制会自动进行预警决策。所以，利用风险预警临界值能够确保最终的预警成效。临界值太大，会使企业忽视相应风险，企业可能会采取更加冒进的对策；临界值太小，会让企业失去最合适的发展机遇。并且，企业所构建的财务风险预警机制不能失去人工智能技术与大数据技术的有效支撑，企业在对神经元模型和向量机模型予以支持之后，才能获取最佳的临界值。利用向量机模型可以获得最佳平面，同时细致分析通过数据库计算获取的变量结果，才能完成对企业财务风险的科学评定任务。

二、基于大数据时代的企业财务风险预警机制的实施路径

（一）注重科学分析行业风险测度情况

行业风险分析主要针对的是预警企业，是对其所在行业的状况带给企业潜在的干扰情况加以科学分析。在庞大的行业当中，企业是必不可少的构成部分之一，会遭遇到整个行业状况的干扰，而行业内部的竞争情况则决定了企业生存与发展的难度。上述因素主要参考相应的行业集中度、经济利润率以及销售增长率等相关指标加以判断。通过应用先进的大数据技术，企业不但能够及时

更新相关量化指标，而且有利于其高层人员全面、系统地掌握相关的信息状况，以便企业得到更加有价值的信息，使预警分析变得更加精准。

（二）加大对供应链传导影响的分析力度

所谓供应链传导方面的影响，主要针对的是上、下游企业财务情况依靠供应链传导的方式带给企业一定的影响。以中兴通讯股份有限公司（以下简称"中兴通讯公司"）被美国政府部门制裁为例，因为中兴通讯公司无法获取适合的国产芯片供应商，所以一些部件需借助美国相应的上游供应商供给。但是该公司受到美国进口商品的打击，阻碍了中兴通讯公司的长远发展和进步。在我国的产业链方面，中兴通讯公司过度依靠进口。所以，在对企业的财务风险进行评估的过程当中，我们应该针对供应链传导的影响情况加以分析。一方面，需要对上、下游企业相应的依赖度情况加以分析和判定，此方面的因素需要参考供应商所在行业相应的密集度、单家的采购量占据比例以及零件的重要性等相关指标加以判断。另一方面，需要科学分析那些依赖度很高的上、下游企业具体的财务情况，如果发觉其中存在相关的财务风险，则应该进行科学预警与分析。

（三）确保企业内部动态重点分析的科学性与合理性

科学分析企业内部运营重点情况的时候，我们需要重视对相关财务风险预警机制的有效利用。从整体的类型角度而言，企业内部的情况主要涵盖了非财务、财务两类。对于上述两类情况来说，在进行判断的过程当中，要科学运用企业的企业资源计划相关软件，借助其中不同类别的财务指标与数据信息，完成分析与总结的任务。在此过程当中，利用上述相关的数据信息，可以体现出企业的运营、偿债、经济利润及抵抗风险等方面的具体情况。显而易见，上述相关因素均会带给企业运营和管理方面不同程度的影响。因此，科学分析上述情况可谓非常关键。在通常情况下，由于非财务情况的因素十分复杂，在具体内容方面，涵盖了企业相关规章的落实效果、内控机制的构建状况及企业具体的治理结构等不同的环节。上述因素尽管不能带给企业财务风险管理最大的干扰，不过依然将产生较小的影响。比如，在企业的内控机制出现不够完善，或者存在明显的问题与不足时，会增加企业的财务风险隐患。

（四）做好行业关联影响情况的合理分析工作

行业关联影响分析主要针对的是企业的上、下游行业之外的其他关联紧密的行业发展变动带给企业与其行业方面的影响情况。从宏观经济环境的角度来说，不同行业间显现出密切的关联情况。例如，建筑行业发展缓慢会导致钢铁和木材等相关上游行业、家电等相关下游行业受到影响，带给广大民众的经济收入方面很大的不良影响。即便关联不是特别密切的餐饮行业，同样会受到间接影响。所以，通过利用先进的大数据技术，科学收集与分析历年的相关数据信息，可以科学判定不同行业带给自身行业的影响状况、整体的影响势态以及对于紧密关联行业的影响。随后，结合所分析得出的行业具体状况，合理预测此行业在未来的发展状况，以便科学判定其有无风险，如果存在风险，则深入掌握风险具体的情况。

从以上分析当中，我们可以看出，系统分析与思考大数据时代下企业财务风险预警机制与路径的有效策略显得尤为必要，具有一定的研究意义和实施价值。本节通过说明企业财务风险预警机制的构建情况，提出了大数据时代下企业财务风险预警机制的实施路径：注重科学分析行业风险测度情况、加大对供应链传导影响的分析力度、确保企业内部动态重点分析的科学性与合理性、做好行业关联影响情况的合理分析工作。我们希望此次研究与分析的内容和结果，能够得到有关企业财务风险管控工作人员的关注与重视，并且使其获取相应的启发和帮助，以便增强企业财务风险预警与控制的实际成效，进而降低我国企业财务管理过程当中可能遇到的风险，促使企业获得更为长远的生存与发展。

第五节 财务大数据与集团企业资金风险管理

随着互联网及云计算技术的发展，集团企业决策不再需要具体了解其中复杂的算法，只需要选择合适的方法来处理数据，利用数据进行决策。数据来源具有一定的广度和深度，使决策更加快速而精准。很多集团企业为了降低财务风险、实现资金信息共享、提高资金使用效率，开始积极地探索应用财务大数据。本节就财务大数据在集团企业资金风险管理中的应用做具体的研究与分析，提出一些增强应用效果的建议。

一、财务大数据在集团企业资金风险管理应用中存在的问题

（一）财务大数据应用范围狭窄，应对深度不够

集团企业资金风险管理需要综合考虑各方面因素，因此对于财务大数据的全面性有非常高的要求。在实际应用过程中，财务大数据的广泛性不足，体现在数据仅涉及财务方面的信息，经营的其他信息没有过多涉及；或是仅涉及某

一时期的历史数据，不能提供更长时期的数据信息。对于经营环境瞬息万变的集团企业而言，财务大数据的广泛性不足会降低财务大数据的应用性。另外，集团企业财务大数据涉及的信息深度不够，就无法有效、准确地反映集团企业的经营情况。比如，财务大数据信息中仅包括收入、利润指标，对于应收账款的坏账率、应收账款回款天数等都没有详细信息，这使集团企业管理者在利用财务大数据进行分析的过程中，无法利用足够的资金风险管理的信息，从而影响决策的准确性，影响集团企业资金风险管理水平的进一步提升。

（二）缺乏完善的大数据管理体系，人员综合素质有待提升

集团企业分支机构多，管理模式不统一，信息不对称，集团、子公司、银行之间资金往来频繁，造成集团企业无法对子公司的每笔资金进行监控，无法准确预测资金需求，无法统一实行资金调配，带来资金管理工作重复、资金安全漏洞百出、财务费用高等问题。

在传统集团企业里，资金管理往往是财务部门或资金管理部门的事情，财务工作按照业务分为核算、统计、分析等。随着财务大数据时代的到来，核算、统计的部分工作可以由计算机处理，人员被替代，工作的核心转移到数据收集与处理上，财务人员对经营活动要有一定的理解和把握，销售、生产、预算、战略、考核等环节，对财务人员的素质要求明显提升。

二、加强财务大数据在集团企业资金风险管理中的应用

（一）提升财务大数据的应用广度与深度

集团企业财务大数据应扩大数据涵盖范围，使其不仅包括财务已有的各项指标，还应深挖财务数据资源、拓展业务资源等，实现财务与业务一体化。例如，资金需求考虑应付账款，不仅应包括应付账款账面余额，还应登记供应商实时入库数量、开票金额、信用额度、赊销天数、议价能力、产品等级等。集团、子公司、分公司各不同主体的业务数据、资金调拨数据、结余资金数据等储存于云计算平台，实时归集和整理，便于集团企业统筹安排资金，提高资金使用效率。财务管理的触角延伸至集团企业的经营环节、产业链，充分获取集团企业决策需要的数据信息，可避免财务核算不及时的问题，避免财务报告分类标准不同、整合难度大等问题。

（二）完善财务大数据管理体系

首先，建立财务共享信息平台。程平等设计了大数据时代基于"云会计"

的资金管理框架模型，包括基础设施层、硬件虚拟化层、数据层、平台层和软件层。其中数据层用于存储与集团、子公司、分公司资金管理相关的行业数据、业务数据、现金流数据、资金分析数据、银企互联数据等；软件层负责资金收付管理、资金调拨、资金分析等相关业务处理。该信息平台不仅可以实时反映、存储和分析数据，还可以简化集团企业的银行账户体系，减少资金收付环节，提高集团资金管控能力。集团企业的决策层可清晰了解集团资金使用情况以及对资金未来需求的预测，提高资金管理决策的准确性和资金使用效率。

其次，在共享信息平台的基础上，建立风险防控体系。如效仿银行应用大数据防控信贷风险策略，引入资金与债权（广义上指集团内部债权和集团对外债权）评级的二维风险评级系统。通过研究资金交易规律、往来款项风险特点、行业特点等，设置资金风险管理敏感等级，建立风险分析与检测制度，持续实时检测，对于其中财务状况突然恶化的债权应当及时提供风险预警。

再次，建立财务大数据应用制度和集团资金集中管理配套制度。由于财务共享信息平台发布了关于集团企业的全方位信息，对信息的更新、采集、加工、分析等需实行监督管理，对相关人员需实行授权，以保证财务大数据的安全性和准确性。为实现集团企业资金集中管理，集团企业通常会在其内部设立独立的资金中心，或者通过依靠银行、财务公司的方式，保证集团、子公司、分公司均按照统一的资金运作规程来操作。集团企业需制定统一的资金集中管理制度，确保资金集中管理的安全性和有效性。

最后，培养复合型财务人员。会计四大要素是确认、计量、记录和报告，以数据形式如实反映企业的经营活动，可靠记录和报告企业经济活动的历史。大数据及云计算技术的发展，对财务人员的素质要求明显提升。在数据积累的基础上，财务人员应按照内部管理需求和财务分析需求，深入挖掘财务数据和业务数据的内在资源，培养系统性和管理性思维，对海量数据进行高效整理、加工和提炼，为集团企业经营管理决策提供信息支持。

财务大数据和云计算技术为集团企业实行高效、安全、科学的资金管理提供了技术支持。本节针对财务大数据在集团企业资金风险管理应用中存在的问题，详细阐述了集团企业应提升财务大数据的应用广度和深度，通过建立财务共享信息平台、建立风险防控体系以及完善集团资金集中管理配套制度等措施完善财务大数据管理体系。本节还提出了财务人员培养的系统型和管理型思维，从会计核算向数据分析转变。本节的相关阐述能为集团企业进行资金集中管理提供新的思路。

第六章 大数据时代下的企业财务风险管理的创新

第一节 大数据时代下企业进行财务风险管理的理念

随着全球经济和计算机技术的飞速发展，企业面临着越来越激烈的竞争和复杂的财务环境。企业由于财务管理不善而陷入财务危机的情况很普遍。而大数据时代的到来又给现代企业带来了活力和新的风险。因此，企业应建立全面、可靠的财务管理制度。财务风险预警可以发现并提出预警信号，提醒企业在发生财务危机时要采取对策。本节对于大数据在企业财务风险管理中的意义和预警作用进行了分析和研究。

一、大数据在财务风险管理中的重要意义

（一）帮助企业以准确的数据为基础进行内部决策

企业当前的经济发展状况需要根据企业的财务部门所反馈的信息来确定，而且需要依据财务部门反馈的信息来指导以后的企业发展方向。在大数据时代下，企业的所有信息都融合在一起。但是，大数据提供的信息并不精确，是与其他信息混合在一起的。因此，当企业面对如此庞大的信息量时，财务大数据管理系统就能够检测出其中存在的风险，确保向业务部门提供的数据相对准确，也可以为企业内部的一些决策提供有效的数据。

（二）帮助企业提高应对财务风险的能力

在大数据时代下，企业要想在大量的数据中获得自己想要的数据，前提就是要面对大数据时代的风险。而企业要想在市场竞争中激流勇进，就必须要把握住大数据时代风险危机下的机遇，机遇和挑战是共存的。目前的时代，市场

信息时时刻刻都在变化，如果可以从这些不断变化的大量数据中获得准确的信息，那么这对于企业的发展以及企业竞争力的提高就具有很大的促进作用。这些信息的准确性关系到企业的决策，大数据融入企业的财务管理可以面对这种财务风险，但关键是企业怎么将这些大数据的优势特点融入企业的财务管理以实现及时应对风险。企业可以建立完善的财务大数据管理系统，这样就能够帮助其在财务风险未发生或者将要发生时进行判断，从而提高企业应对大数据时代带来的财务风险的能力。

（三）帮助企业取得最大的经济效益

建立并且完善财务大数据风险预警系统，能够使企业规避在其发展中遇到的各种风险。利用财务大数据可以使企业灵活应对内部和外部风险或潜在风险，掌控企业的现金流状况，并为风险提供预警机制。一旦企业出现资金问题，其就可以首先发现或阻止财务风险发生，帮助企业在最短的时间内处理财务风险。用最快、最有效的解决方案来处理企业的财务风险，可以使企业最大限度地减少风险损失，使经济效益最大化。在大数据时代，企业为了尽可能地避免风险和降低风险带来的损失，唯一有效的途径就是建立企业的大数据财务风险预警机制。

二、大数据时代下存在的财务风险

（一）财务风险预警系统不完善

现在，很多风险很难进行预测，面对这样的情况，大多数企业财务风险预警系统在面对风险时，可以进行预警和响应，所以财务风险预警系统已成为企业发展的必然选择。另外，大多数企业的财务风险预警系统是需要相关人才来进行管理的，如果企业所需的相关人才不到位，就会导致系统所能发挥的作用很小。大数据时代已经来临，如果企业仍然认为这个时代与其无关，那么就会被市场淘汰。因此，企业应重视大数据时代财务风险预警系统的建立。

（二）财务风险预警系统执行能力不强

财务风险预警系统缺乏在大企业执行大数据的能力，一些企业已经建立了财务风险预警系统，却并不重视对这个系统的监督管理工作。企业的财务风险预警系统的执行力不佳，将企业置于充满危机的市场环境中，这不利于企业的发展。

（三）缺乏相应的监管部门

企业的管理机制与监督机制对于企业的发展而言是不可缺少的，财务风险管理系统的有效运行需要两者的共同作用，各类企业都需要有严格的监督机制作为后勤保障。为了让财务风险预警系统充分发挥其作用，企业需要对其监督机制进行全面完善，以保证及时发现经营中出现的财务问题。

三、大数据在财务风险管理中的预警作用

在大数据时代的背景下，企业中财务部门的责任重大，财务部门工作人员的专业水平以及综合素质面临着新的要求。建立企业大数据财务风险预警系统是一个企业现如今想要发展的必要措施。企业可以将风险预警系统融入企业的管理，也可以设立风险预警系统的监督部门以及健全企业财务风险预警机制，提高企业财务风险预警系统的执行力，使该系统可以充分发挥其职能作用，以提高企业资金的安全性和增强企业的市场竞争力。

第一，将企业财务风险管理融入企业管理。在大数据时代的背景下，企业可以通过改善财务风险预警系统避免很多风险。其中，最重要的是改进财务风险预警系统的管理实施机制。只有将企业的大数据财务风险预警系统的诸多措施进行全面落实，才能够保证财务风险预警系统充分发挥其作用，保证企业的资金安全并提高企业的市场竞争力。比如，企业对未能通过工作评估的员工进行定期培训，提高他们的工作能力，并且对企业的所有员工进行思想教育，提高他们对企业的大数据财务风险预警系统的认识，让他们了解系统在企业中的作用，这样更有利于企业实施各项措施。财务风险预警系统可以通过发挥其功能在企业的各个部门进行宣传，这样可以让企业中的每个人都认识到财务风险预警系统在企业发展中的重要性。对于企业而言，财务风险预警系统融入企业的管理层对于维护企业的经济利益可以起到很大作用。

第二，完善企业财务风险预警的监督机制。企业需要对大数据财务风险预警系统的运行情况设立专门的监督部门，提高该系统的工作效率和执行力，从而提高企业竞争力。在大数据时代的背景下，企业应根据市场经济的发展前景，学习当前流行的风险预警模式。同时，企业应该学会引入国外的财务风险预警系统，并结合企业发展情况，建立并完善内外监督的机制。内部监督的主要目的是使财务流程透明化，并确保各部门可以监督财务部门。外部监督帮助企业发现其在经营过程中的各种风险，这样就可以使企业规避一些不必要的风险并且对出现的问题采取最快、最有效的方式进行解决，减少企业的损失。

第三，加强企业财务风险预警系统的执行力。要建立健全财务风险预警系统的规则，即企业在进行某种经济活动时，企业的财务平台需要向其提供能够即时生效的预警机制，供专业人士使用。如在进行资金的大笔交易时，企业应为大笔交易设置一个单独的账户，如果发现其中存在问题就必须立刻终止交易，然后进行警告处理。要根据企业的财务风险预警方案收集实时的预警信息数据，由有关人员报告具体的风险信息并且将情况以最快的速度上报给企业的相关管理人员。管理人员可以对风险的大小提出意见，并阻止交易的继续进行，也可以提出解决方案，继续进行交易，但是必须将风险降到最低，避免企业受到损失。

第二节　大数据时代下企业财务风险管理体系模型的构建

企业的财务风险管理是企业发展过程中不可忽视的一部分，是关系到企业成败的重要因素。大数据时代的到来，给企业发展带来了机遇和挑战，而企业在财务管理方面也面临着前所未有的风险，建立全面可靠的财务风险管理体系，加强对企业财务风险的防范，成为企业发展应该重点研究的问题。本节探讨了企业风险管理体系模型构建的重要性，分析了企业财务风险管理体系模型中存在的问题，为企业财务风险管理体系模型构建的途径提出了建议。

完善的财务风险管理体系，能够帮助企业在面临任何风险时做出准确、及时的预测和决策。大数据时代的到来对企业的财务风险管理系统提出了更高的要求，如何应对大数据时代下的市场经济走向，应对市场经济发展的"新常态"成为当下企业财务管理中应该关注的重点问题，而防范财务风险，完善企业风险管理体系，加大风险防范政策的实施力度等就显得十分重要和迫切。

一、企业财务风险管理体系模型构建的重要性

第一，有利于为企业内部决策提供有效的信息依据。企业的财务状况能够准确地反映出企业内部的经营状况、盈利情况，管理者通过财务风险管理体系所反映出来的经营状况的好坏来进行下一步的经营决策。同时，企业管理者通过分析企业人员的工资体系、绩效管理体系等了解员工的工作状态，员工对企业运营所做出的贡献，也成为企业人事调动的依据，成为企业高效管理的重要辅助信息。

第二，有利于企业应对新时期可能出现的财务风险。大数据时代是各种信息爆炸的时代，企业面临着前所未有的挑战，各种新的不利于企业发展的因素也成为企业存在的财务风险，企业获取市场信息的速度和准确性，做出经营决

策的有效性成为影响企业经营成败的重要环节。应对这种可能出现的财务风险，也是企业构建财务风险管理体系模型的重要原因。

第三，有利于帮助企业实现最大的经济效益。企业财务风险管理体系模型的构建，能够帮助企业应对市场经济发展过程中的各种不确定性，应对企业内部、外部面临的各种潜在的挑战和竞争，能够提高企业的经营管理效力，为企业的经营和发展提供有效的财务信息依据，还能够使企业在资金流动的过程中进行适时的监督和预警，从而帮助企业在第一时间发现和预防财务危机，并在遇到危机时能够在最短的时间内，以风险最小的方式进行解决，将企业可能的风险和损失降到最小，从而实现企业经济效益的最大化。

二、大数据时代下企业财务风险管理体系模型存在的问题

第一，财务风险管理程序老旧、不完善。一个成熟的企业需要有一套完善的财务风险管理体系模型作为支撑，以应对市场经济发展过程中的潜在危机。然而，大数据时代的到来，市场经济发展速度加快，各种不可预测的风险成为企业发展过程中的潜在威胁。而此时，有些企业依然沿用传统的财务风险管理模式，没有将新的风险划分到管理系统中，给企业发展造成威胁。另外，很多企业的财务风险管理体系模型只是一个空壳子，系统中的各个机构人员设置不到位，没有专业的财务风险管理人员作为支撑，这样的财务风险管理体系模型运行起来会产生许多困难。

第二，财务风险管理制度执行力度不够。在大数据时代下，很多企业都具备了财务风险管理体系模型，有着丰富的财务风险管理经验。然而，随着经济的发展，很多企业的财务风险管理体系模型只停留在了制度方面，基于制度而制定出的各种运行政策都没有得到有效的实施。在这种情况下，即使企业有完善的财务风险管理体系模型，有完善的财务风险管理制度，只是因为执行力度不够，而将企业置于市场经济环境中，不利于企业的健康成长。

第三，对财务风险管理体系模型实施的监督力度不够。管理机制和监督机制是相辅相成、共同完善的。管理机制的有效运行，以及各种企业经营政策的实施需要严格的监督机制作为保障。而对于财务风险管理体系来说，只有更加完善、严格的监督体系，才能把企业的财务风险管理体系模型置于一个更加公开透明的环境中，才能及时发现财务运行过程中出现的问题。然而，大数据时代下的企业忙于应对各种新的经济形势带来的挑战，而忽视了对企业财务风险管理体系模型的监督和管理，导致各种财务问题的产生，对企业的发展造成威胁。

三、大数据时代下企业财务风险管理体系模型构建的途径

第一，提高企业财务风险管理体系模型在企业运行中的地位。大数据时代下的市场经济发展环境越来越复杂，有一个良好的企业财务风险管理体系模型就显得尤为重要。首先，提高财务风险管理体系模型的执行力度，将此体系模型真正贯穿到企业管理中的各个方面，对不遵守财务管理制度的人员进行严厉惩罚，对考核不合格的人员进行相应惩罚，提高财务风险管理制度的威信力。其次，企业要对自身的财务风险管理体系模型进行大力宣传，做到人人懂，进而人人尊重，人人能够自觉地按照此风险管理体系模型的要求管理自身的行为。最后，企业管理层应该意识到财务管理体系模型在企业发展过程中的作用，从而能够积极构建并完善此体系模型，使其真正发挥在大数据时代下应该有的作用。

第二，建立完善的企业财务风险管理体系运行监督机制。管理机制和监督机制是相辅相成的，是一个企业在其良好的发展过程中所最需要具备的。因此为了提高企业在大数据时代下的竞争力，首先，就应该建立起完善的企业财务风险管理体系模型，以大数据时代为背景，以市场经济发展现状为依据，积极引进国外先进的管理体系模型，结合企业自身的发展现状，建立起完善的财务风险管理体制，提高企业财务管理能力，提高企业应对财务风险的能力。其次，建立起完善的监督机制，形成内部监督和外部监督相结合的完善的监督体系，内部监督主要通过财务情况的公开透明，形成员工与其他部门对财务管理的监督，而外部监督主要是通过各种审计机构对企业进行定期的审计、检查和监督，发现企业在经营过程中出现的各种问题。外部监督关系到企业在社会上的形象和声誉，因此企业更应该加以重视，完成企业从内而外的各种财务风险管理制度的构建和完善，帮助企业进行科学决策。

第三，培养一支高素质的财务管理人才队伍作为辅助。大数据时代的到来对企业财务管理体系模型的构建提出了新的要求，培养一批高素质的财务管理人才队伍也至关重要，因为人才才是企业创新发展的内在动力。

大数据时代对企业财务管理提出了更高的要求，对财务人员的专业素质和整个企业的运营管理水平也提出了更高的要求。大数据时代下的市场经济发展迅速，企业只有建立起完善的财务风险管理体系模型，完善企业内部的各种监督机制，才能有效应对我国经济发展转型时期可能出现的各种潜在的经济威胁，才能壮大企业实力，增强企业发展动力，才能使企业在新时代下稳步发展。

第三节　大数据时代下内部审计与财务风险管理

信息化社会的到来，使企业内部和外部的各类信息变得纷繁复杂，企业资金流动情况又表现出了许多新特征，如何充分利用海量的信息为企业的运作提供服务，对于企业资金的流转有着重要的影响。在大数据时代背景下，企业的财务管理活动迎来了新一轮的挑战。本节就大数据时代下企业内部审计在财务风险管理中的作用进行了探讨。

在企业管理活动中，内部审计常常是企业规避财务风险的重要途径，通过加强内部审计能够提高企业抵御各种财务风险的水平，促进企业可持续发展。然而在大数据背景下，大量的信息给企业内部审计活动的开展带来了许多干扰，能否充分利用大数据的价值为内部审计提供决策依据，使企业做好财务风险管理工作，是决定企业能否稳定发展的重要因素。因此，研究大数据时代内部审计对财务风险管理的影响有着极为重要的现实意义。

一、大数据和内部审计概述

大数据是指借助于计算机技术、互联网，捕捉到数量繁多、结构复杂的数据或信息的集合体。大数据的"大"并非仅仅指数量繁多，还指数据通过挖掘、分析，以及专业化的处理，蕴含的价值大。大数据具有"5V"的特点：第一，大量（Volume），即数量繁多；第二，高速（Velocity），即数量高速增长，呈几何式增长；第三，多样（Variety），数量类型多样、结构复杂；第四，低价值密度（Value），即海量数据需采集、分析才能捕捉到有价值的信息；第五，真实性（Veracity），即数据的产生与处理是实时的，具有准确性。

本节所讲的内部审计是指企业的内部审计活动，它在性质上属于一种咨询活动，其活动的开展具有相对独立性。高效的内部审计活动是保证企业高效运行、规避风险、提高经济效益的重要手段。内部审计对于企业的内控而言至关重要，可以作为企业改善治理现状的重要途径，从而实现企业的长远发展。内部审计最重要的作用之一就是其在规避财务风险方面的特殊功能，使企业的各项活动受到严格的监督，保证企业的经营行为符合国家现行政策及相关法律法规规定，营造社会主义市场经济的良好环境。随着大数据时代的到来，内部审计活动的效率、流程和作用也受到了一定程度的影响。

二、当前企业内部审计存在的问题

大数据时代是信息化社会发展的产物,企业所处的环境已发生巨大的变化,然而企业内部的审计制度却没有做出相应的优化,其与经济发展的矛盾日益显现。首先,这表现为我国审计制度体系未完全构建起来,在很多地方甚至未看见其对企业财务管理的指导作用,在大数据时代,现有的审计制度无法识别出最有价值的信息;其次,一些审计人员的专业素质偏低,其已经习惯了传统经济体制下的审计模式,不能很好地在大数据时代继续提高效率,使企业内部的审计工作停滞不前;再次,在审计技术上明显落后于当前的先进理论,仍然以传统的审计流程开展审计工作,使许多资料的作用无法凸显,在信息化时代下,这种落后的审计技术自然无法很好地规避财务风险;最后,企业管理信息化使审计活动与其他诸多管理活动形成了互动的渠道,给内部审计的独立性造成了严重的破坏,这一方面可以有效利用少量数据为审计服务,另一方面又使审计工作受到其他管理活动的干扰。

三、大数据时代下企业内部审计的作用

一是快速获取大量信息。在大数据时代,企业可以通过互联网和其他途径快速获取大量相关信息,尤其是一些经济数据和财务管理信息,可以为企业内部审计提供更强大的数据支持。但大量的数据需要充分挖掘才能发挥其对于财务风险管理的作用,因此企业必须通过信息化手段深入挖掘大数据的价值。

二是提升内部审计工作效率。我国经济运行态势不断趋好,企业发展环境更加优化,企业业务规模进一步扩大,相关的审计数据和财务管理活动也更加复杂和频繁,这使内部审计人员的劳动强度不断加大。在大数据背景下,大量的财务管理软件和审计管理专业软件的引进大大解放了审计人员的劳动力,提高了内部审计效率。

三是规避企业财务风险。大数据时代为企业集中获取和处理数据提供了可能,使更多的信息可以充分互动,内部审计工作更加科学客观。在内部审计效率不断提高的条件下,企业对未来的财务管理活动具有更加精确的预见性,可以提前采取预防措施规避财务风险,使财务风险的管理实现动态化。

在大数据时代下,我国企业的内部审计还未能很好地适应时代的要求,造成企业内部审计不能很好地服务于企业的财务管理工作的局面,给企业的发展带来了一定的阻碍。随着大数据时代的发展,我国企业将更加重视财务风险管理,并在内部审计制度上不断寻求突破,充分发挥大数据时代背景下内部审计对于财务风险管理的重要作用,促进企业的长远健康发展。

第四节 大数据时代下企业财务管理的转型

所谓的大数据技术，指的是在种类繁多的数据之中，能够快速将富有价值的信息提取出来的技术。随着互联网信息技术的飞速发展，我国已经步入了大数据时代，为广大企业提供了新的思维、技术以及丰富的资源，将企业带入了全新的发展时期。所以，企业的财务管理也要随着时代的发展形势而转型，将数据的提供、风险的控制、资源的规划以及现金流分析纳入财务管理的范畴，如此一来，可以促进企业的健康可持续发展，推动企业价值的提升。

随着现阶段互联网的快速发展，大数据时代已经来临，国际化、综合化以及信息化成为企业发展的主要方向。企业规模日渐壮大，企业只有对财务人员和财务理念进行转型升级，才能适应企业现阶段的发展趋势。大数据时代对财务管理转型有了更高的要求。财务工作者必须建立数据思维，深入研究数据的收集、存储、分析以及应用，将可视化的信息呈现形势建立起来，把信息基础提供给企业的经营管理决策者。

一、提升财务管理信息的精准度以控制企业风险

大数据时代下技术的发展，使企业对海量数据的整合可以做到精准高效。此外，大数据技术要求的标准化以及规范化，致使大部分的财务数据可以更加直观准确。在大数据技术并未出现的时候，财务报告需要经过非常烦琐的过程，由于缺乏技术手段处理，导致企业没有对财务数据引起高度重视，尽管财务报告是重要资源，但是利用率不高。在大数据时代，风险管理可以获得更为全面的风险源数据，能够让风险管理系统更加权威，在快速处理风险事件的同时，满足企业管理监测的需要。

二、提高财务管理信息对企业决策的支持度

在构建了预算大数据平台之后，大数据时代下的成本管理以及全面预算管理可以有效处理以往出现的诸多问题。例如，对本期的实际业务数据实施改造处理，然后再和预算数据进行对比，这样便可以获取可信的预算执行方案，对处理各部门的工作具有很大的帮助，可以有效提升企业经营管理的效率。在过去的工作模式当中，企业难以应对如此繁多的数据，然而在大数据时代下，企业能够轻松获得海量的多维度信息，将企业从烦琐的数据监测工作中解脱出来，从而赢得更多的时间来处理问题。

三、大数据时代下企业财务管理的转型途径

第一，财务人员由专才向全才转型。在大数据时代下，如果要提升企业财务信息化的水平，就必须加强人才的培养。利用财务管理工作带来的影响可以有效推动业务工作的进行，如此一来企业才能够通过大数据技术，进而探索出财务工作最佳的发展方向。在大数据时代下，企业的财务管理不可缺少的是企业决策层的推动力。企业的决策层非常了解传统的数据分析，可以在传统数据分析的基础上，做出许多科学的决策。

第二，资金管理向产融结合转型。过去的财务管理主要是对资金进行控制。而在大数据时代下的资金管理，不仅仅是指资金调配，更重要的是不同层次的产融结合。利用资金市场的直接融资，将单纯的资金管理运营转化为深度资产管理。在大数据时代背景下，企业必须构建科学的资金管理制度，提升资金监管水平，灵活利用互联网技术的优点，实现银企互联。除此之外，企业还需建立统一的财务管理制度，提升资金控制与管理的效率，进而保障资金的安全。财务部门需要对子公司的每一项收入以及各个部门的收入进行管理，还需要负责回收各个子公司的资金，对其使用方法进行监督。

第三，财务管理向财务共享中心转型。现阶段企业降低成本、提升服务水平的一种科学的管理模式就是共享服务，它的价值得到了许多世界知名企业的高度认可。在企业内部，共享服务中心作为一个独立经营体，其全部按照市场机制运作，可以将优质的服务提供给企业的内部人员。整合企业内部重复建设的业务功能，可以在节约成本的基础上，有效提升企业后台的服务效率。

大数据时代为传统财务向管理型财务的转变提供了一定的条件，在数据的收集过程之中，标准化与信息化是首先需要考虑的问题。大数据时代推动了企业发展模式的变化，这就需要财务工作者从业务的角度分析问题，培养自身的财务管理思维，为财务管理的转型贡献自身的智慧。

第五节　大数据时代下制造企业财务管理信息化风险因素

伴随着信息技术以及大数据技术的广泛应用，财务管理信息化已经成为企业稳定发展的重要手段。所谓财务管理信息化就是将先进的现代化的科学技术渗透到企业的财务管理当中，将财务信息化建设作为财务管理的重要内容。在当前大数据背景下，企业进行财务管理信息化建设不但可以为其提供良好的信

息共享平台，同时在一定程度上降低了企业财务管理信息化建设的成本投入，提高了企业的财务管理水平。本节以制造企业为研究对象，在当前形势下，大数据对制造企业财务管理信息化建设产生的影响进行简要概述，同时对基于大数据背景下制造企业财务管理信息化建设过程中所面临的风险进行分析，针对不同风险采取相应的预防措施，以期推动制造企业的可持续发展。

云计算以及大数据技术等新型技术的产生和发展，在我国很多行业的发展过程中发挥了非常重要的作用。面对日益激烈的市场竞争，制造企业在生存和发展过程中，主要遵循企业经济效益最大化的经营目标，因此对财务管理工作非常重视。在大数据背景下，信息资源多元化以及高效化的优势逐渐彰显出来，但是随之而来的还有诸多的风险。所以，合理利用大数据技术推动企业财务管理信息化建设发展，规避潜在的风险成为当前制造企业亟待探究的问题。

一、大数据背景对制造企业财务管理信息化的影响

（一）大数据提供了会计信息资源共享平台

企业要想在日益激烈的市场竞争中谋求发展，就应该对企业实际情况了解得非常透彻，同时还应该熟知市场的发展趋势，信息不能关联互动以及不能共享互换在很大程度上抑制了企业的自我了解以及对其他企业的了解，对财务管理信息化的发展产生消极影响。在大数据背景下，云平台的产生就有效解决了"信息孤岛"这一重要问题，使企业中的各个部门统一在云平台上开展工作，及时收集、整理以及处理相关信息数据。

（二）降低财务管理信息化的成本

企业要构建一个与自身实际情况相吻合的财务管理系统，就要投入大量的人力、物力及财力。第一，要购进较为先进的基础设施，这对于中小型企业来说所需的成本过高。再加上后期对这些设备的维修和养护也需要投入一定的资金。第二，在购买相关软件之后还要进行升级和维护，对于中小型制造企业来说，财务管理信息化建设投入的成本较大，因此造成很多企业放弃了财务管理信息化建设的工作。在大数据背景下，云计算技术的出现和发展，使企业在财务管理信息化建设过程中不必担忧其在基础设施以及软件方面投入过大的成本。

二、大数据时代下制造企业财务管理信息化面临的主要风险因素

（一）财务管理信息系统的安全性得不到有效保障

第一，企业财务管理信息系统在用户登录的过程中进行身份认证存在一定的安全风险。企业一般是通过动态口令或者设定的用户名登录、密码登录的方式对用户的信息进行认证，但是这些登录方式都属于授权登录，很有可能降低信息系统的安全性。不法分子运用一些木马软件就可以轻而易举地获得该系统的登录密码，增加了相关信息被盗或者被恶意损坏的风险。

第二，财务管理信息系统的数据加密技术也在很大程度上增加了会计信息泄露的风险。科技水平以及网络技术的不断提高，使企业之间的诸多合作都是依靠网络进行数据信息传送的，但是在数据信息传送过程中并未采取任何安全措施。

（二）缺乏财务管理信息化的专业领导体制

在当前大数据背景下，要想加快财务管理信息化建设的进程，就应该设立专门的领导管理机构。企业管理制度不完善，且对于财务管理信息化领导管理机构的重视程度不高，只是将其作为财务管理部门的旁支，不能使其职能作用最大限度地发挥出来，进而抑制财务管理信息化建设的进程。尤其是步入大数据时代之后，财务管理信息化的专业化程度有了很大的提高，但是企业未建立与之相适应的专业化管理体制，进而在财务管理信息化进程中没有得到有效指导，降低了财务管理水平及工作成效，与其他先进企业相差甚远。

（三）信息技术及其应用不满足大数据时代会计信息化的要求

财务管理信息化对技术有着很高的要求，同时依赖性也比较高，因此信息技术是财务管理信息化的基本条件，倘若没有信息技术作为强有力的支撑，那么财务管理信息化也就得不到实现，所以说信息技术对于财务管理信息化是非常重要的。可是，在我国财务管理信息化过程中，专业信息技术较为落后，并且会计实务指导较为匮乏，进而造成专业信息技术水平不高，在应用过程中存在很大的缺陷。

三、制造企业财务管理应用大数据技术进行风险防范的对策

（一）加强信息化平台安全

第一，企业应该快速构建网络安全防护体系，依据财务管理工作的实际需求，在运行云平台系统的时候，针对不同岗位的人员设置不同的登录权限。在信息化系统实际使用过程中，对权限进行实时监管，确保财务管理信息化的安全性。除此之外，企业还应深入了解财务管理信息化系统中数据加密程序，同时对该系统的使用情况进行调查研究。在此基础上，企业应开发出适合自己使用的虚拟软件，充分利用基础隔离系统，对会计信息及数据的传送过程实施全程监控和隔离，增强会计信息的安全性。第二，提高会计人员的网络安全意识，促使企业中相关人员加入网络安全监管工作当中，加大安全教育力度，明确会计信息的重要性，针对较为重要的财务信息进行数据加密，防止信息被窃取或被泄露。

（二）优化和创新企业的管理工作

制造企业的管理人员应该深刻认识到财务管理对企业的重要作用，按期组织专业人员对市场信息进行实地考察，了解并掌握市场经济的发展趋势，只有这样才能为企业所颁布的战略决策提供准确、可靠的依据。另外，在以往传统的财务管理工作中，企业受到"信息孤岛"的限制不能准确了解其自身的价值，也无法在激烈的市场竞争中了解其他企业的相关信息，导致企业经济发展缓慢。所以，企业应该与时俱进，利用先进的科学技术以及信息技术建立会计信息化系统，同时充分利用大数据技术解决"信息孤岛"的问题，加速企业内部各部门之间的信息流转，有成效地防范财务风险的发生，使企业获得更多的市场信息。

（三）加强企业会计人员管理

第一，转变会计人员的思想，确保会计人员在财务管理过程中，合理运用理论知识，并且与企业的实际工作有机结合，确保财务管理工作更好地开展。第二，加大对会计人员的培训力度，定期组织会计人员进行信息化技术培训以及专业知识培训，进而提高会计人员的专业技术水平。第三，建立激励机制，对于工作中各方面表现都比较突出的会计人员予以一定的奖励，激发会计人员的工作热情，同时指导会计人员正确认识到自身的价值，提高企业财务管理水平。

（四）加强法律法规建设

首先，政府应该颁布相关政策和法律法规，并加大宣传力度，提高人们对信息技术的重视程度，在合法的基础上运用先进的信息技术提高企业的经济效益。加强企业各部门对财务管理信息化平台的监督，在确保网络安全的前提下，实现企业之间的信息资源共享。其次，为了确保企业信息的安全性，应明确监督管理内容，倘若运用不法信息技术建立财务管理信息化平台，长此以往就会增加财务风险以及不必要的损失。因此，企业应该运用我国颁布的相关法律法规，制定相应的监督管理机制，进而推动财务管理信息化建设。最后，在企业内部成立监督管理小组，为了确保企业监督管理工作的顺利进行，在企业内部安排专门人员成立监督管理小组，对企业管理制度是否贯彻落实进行监督，推动企业可持续稳定发展。

大数据时代的来临，方便了人们的生活和工作，同时加快了制造企业财务管理信息化进程。任何事情都是有两面性的，大数据在为企业提供会计信息资源共享平台以及降低信息化成本的同时，还为企业带来了诸多风险，影响企业财务管理信息化的良好发展。因此，只有针对存在的风险采取相应的防范措施，才能更好地推动企业财务管理信息化建设进程，促进企业稳定发展。

第六节　大数据时代下电子商务企业财务风险管理

在现阶段，随着社会经济和科学技术的快速发展，信息技术在各行业的发展中得到了广泛的应用，也带动了电子商务行业的发展。与西方发达国家相比，我国电子商务行业的起步较晚，企业财务风险管理模式相对比较落后，从而增加了电子商务企业在未来发展中的财务风险。在大数据时代下，如何加强电子商务企业财务风险管理成为当前电子商务企业发展中的重要内容。本节首先阐述了大数据时代下电子商务对财务管理的影响，然后分析了电子商务企业财务风险管理中存在的问题，最后探讨提升电子商务企业财务风险管理水平的对策。

在通常情况下，电子商务企业财务管理内容主要是对企业经营过程中的资金使用情况进行有效的监督和管理。财务管理工作涉及的内容比较复杂，所以在一定程度上增加了电子商务企业财务风险管理的难度。传统的财务风险管理方式已经不能适应当前时代发展的要求，在大数据时代下，需要对电子商务企业财务风险管理方式进行改革创新，以降低电子商务企业财务风险带来的经济损失。

一、大数据时代下电子商务对财务管理的影响

（一）财务管理环境变化

在大数据时代下，电子商务企业财务管理环境发生变化主要体现在以下方面。其一，财务管理流程发生变化，在传统的财务管理工作中，其管理流程主要由财务人员进行手工记账，在一定程度上增加了财务人员的工作量；而在大数据背景下，财务人员对企业财务信息进行管理，主要通过先进的信息技术，对财务内容进行自动化管理，在一定程度上提高了其工作效率。其二，财务管理制度发生变化，在大数据背景下，电子商务企业财务管理制度主要以国家相关会计准则为依据进行完善，随着国家相关会计准则的变化而变化。

（二）财务管理核心变化

在大数据背景下，电子商务企业财务管理核心发生变化的具体表现如下。财务管理核心内容由重视产品的外部形象和质量等方面逐渐转变为重视线下用户对产品的体验效果和产品在市场上的口碑。大数据时代的发展，使电子商务企业要想在激烈的市场竞争中站稳脚步，就需要对用户制定个性化服务，从而获得较高的用户满意度，推动企业的长远发展。

（三）财务管理重要性变化

在一般情况下，电子商务企业在发展过程中比较重视财务管理中的信息流。通过大数据技术，企业将财务管理中的信息流内容进行归纳总结，了解线下不同用户对产品的不同需求，进而根据大数据技术应用的结果制定有效的财务管理方法。此外，电子商务企业在大数据时代下通过电子信息技术对企业经营过程中的各项财务信息进行记账管理，实现资金流和物资流的统一管理，进而形成重要的信息流，为企业未来发展做出正确的决策提供有力的数据支持。

二、大数据时代下企业财务管理存在的问题

（一）财务管理理念陈旧

电子商务企业属于新型企业，在其发展过程中主要利用信息技术的优势，推动企业发展。财务部门作为企业发展中的重要部门，掌握着企业未来发展的

经济命脉。财务管理理念陈旧，导致电子商务企业的财务管理水平并不能满足大数据时代对企业财务管理水平的要求，进而降低了电子商务企业在市场中的竞争力，阻碍了电子商务企业的长远发展。

（二）财务管理意识淡薄

在现阶段，我国已经进入信息化时代，网络信息技术已经成为人们生活和工作中的重要组成部分。在大数据时代不断发展的背景下，大数据技术在各企业的财务管理中盛行。虽然电子商务企业在发展过程中主要以先进的信息技术为基础，但是仍有部分电子商务企业管理人员的财务风险管理意识淡薄。时代在进步，他们并没有认识到加强财务风险管理信息化建设的重要性，也没有认识到大数据技术在财务风险管理中存在的价值，进而增加了电子商务企业在未来发展中可能遇到财务风险的概率。

（三）财务管理水平较低

在大数据时代下，电子商务企业要想提高财务风险管理水平，提高财务信息的共享性，就需要加强财务风险管理信息化建设，并充分利用大数据技术，对企业发展过程中的财务信息进行整理。但是，部分电子商务企业的管理人员缺乏创新意识，企业缺少高素质的财务管理队伍，企业财务风险管理方式比较落后。此外，企业财务部门还存在财务信息不对称和不能共享的问题。这种情况降低了企业财务管理的效率，进而增加了企业财务风险发生的概率。出现这种情况的主要原因是企业财务部门与其他部门之间缺乏沟通，且企业内外部未形成统一的信息标准，进而影响企业及时做出财务风险的防范措施，增加了企业的经济损失。

（四）财务管理环境变化

与传统企业相比，电子商务企业的财务管理环境发生了较大的改变。其一，目前财务软件得到普及，互联网公司都能运用财务软件记账、编制报表。传统的手工记账模式都是由记账人员手工进行处理的，这与传统财务管理方式相适应。在电子商务背景下，会计制度、准则等都应顺应新环境要求，这也为传统财务制度迎来改革。其二，电子商务企业竞争环境与传统企业相比，竞争更为激烈，加之电子商务企业拥有国际化经营的特点，所以，竞争格局也会慢慢延伸到全球。竞争格局改变，财务管理模式也会随着环境而改变，企业应制定顺应财务管理新环境的模式，方可顺应国际化竞争格局。其三，在传统财务流程中，企业财务管理记录的是全部业务之后生成的财务报表，然而，以上财务数据没有真实地对企业情况展开监督，这便不会出现实时信息流。在电子商务大数据背景下，大量的数据资料都包含行之有效的经验信息，随着电子商务企业的交易进行，企业更好地运用这些信息，才能促进企业发展。

三、大数据时代下提升电子商务企业财务管理水平的对策

（一）加强财务管理大数据创新

在当前大数据时代下，数据的集中化和细分化特点为企业的财务管理工作提供了大量的数据基础，但是如何使数据的作用从当前的财务管理工作中突显出来成为现阶段需要重点关注的问题。在此，相关财务管理人员通过研究其他企业的财务管理分析方法发现，只有不断提高企业在财务管理方面的大数据创新意识，才能为企业的财务风险管理工作提供帮助。因此，企业相关管理人员必须要加强大数据创新意识，在加强企业管理人员创新意识的同时还要加大对内部员工的大数据创新培训力度，以此来改变当前企业员工对于大数据的片面认识，从而为企业员工灌输全新的大数据创新理念。另外，企业相关管理部门还要加强内部财务管理模式的改进创新，在传统财务管理模式的基础上利用大数据的相关理念来分析企业内部的各项经营活动，以此来确保大数据理念在企业内部的全面落实。

（二）提升财务管理风险防范能力

现阶段我国很多企业内部出现了财务漏洞、资产大范围流失等情况，究其原因是企业内部财务风险防范能力不强所造成的。由此可见，一个企业的风险防范能力对于提高其财务管理水平有着很大的作用。首先，企业当前必须要做的就是加强相关财务管理安全系统的建设工作，积极引进安全、可靠的财务管理系统，以此来提高企业财务管理过程中的安全性，抵御网络病毒的入侵，这样做还能实现企业资源的合理配置和共享。其次，企业还需要聘请专业的财务管理人员对财务部门的相关人员进行财务风险预防方面的培训，以此来提高企业财务人员的风险防范意识，从而为企业财务管理工作的顺利开展提供保障。

（三）提升财务人员专业能力

在当前大数据时代的背景下，社会经济的快速发展对于企业财务人员的专

业能力要求也在不断提高。在现阶段，企业财务人员不仅需要具备财务管理方面的专业知识和娴熟的财务操作能力，还要具备计算机应用能力，只有这样才能应对当前大数据时代给企业带来的巨大挑战。基于此，企业当前必须要做的就是加强自身人才队伍建设，主要可从以下两点入手。

其一，企业在开展招聘工作时需要牢牢结合自身的实际情况适当调整人才招聘计划。例如，企业在招聘标准较高的综合财务管理人员时就可以适当招聘一些具有技术经验的人才，这样做对于企业内部人才资源的优化配置有很大的帮助。

其二，企业在现有财务管理人员的工作上，还可以大力推动网格化职责管理标准的实施。这种管理方式主要是将具体的职责细化到每个工作人员身上，当出现问题时主管这部分工作的人员就需要对其负责。与此同时，企业还需将每位负责人的岗位职责与个人的绩效水平联系起来，以此来激励员工树立正确的工作态度，从而有效降低财务风险的发生率。

（四）积极引进高层次复合型人才

企业为进一步增强其市场竞争力，需要做的是加强人力资源的引进和培养。其一，企业为有效解决其人才缺乏的问题，首要的做法便是引入高层次的人才。简单来讲，高层次人才是懂得如何运用外语，熟悉计算机操作，拥有非常强的实际工作能力的人才。其二，企业应指导展开经济管理，这样能运用会计信息帮助企业领导者开展筹划、决策工作，为了顺应时代需求，应有计划、有步骤以及有效地开展会计人员继续教育与相应的培训工作。作为基层单位需要积极组织会计人员学习会计电算化知识，其目的是改善会计人员的知识结构，使其不断地更新知识结构，提升会计人员的计算机水平，尤其是在计算机网络技术方面，增强会计人员的职业道德感，积极促进会计人员依法记账。

在当前大数据的背景下，电子商务企业也在不断转变自身发展模式，逐渐从传统的各部门单独工作的模式转变成向供应链集群方向发展。在这种情况下，企业内部的财务管理部门也需要积极适应企业发展的需要，不断转变自身管理模式，以此来不断创新和完善企业内部的财务管理体系，从而为电子商务企业的可持续发展奠定良好的基础。

第七节　大数据时代下政府部门财务风险控制

财务管理是政府部门管理活动中内部建设的关键部分，有效控制各种财务风险是政府管理工作存在的前提。大数据技术的使用，使政府部门财务风险控制更加有针对性、更加系统化。在政府部门财务风险控制与大数据融合的过程中，我们需要从政府管理思维、财务管理模式及人才培养方面进行创新。本节针对大数据时代下财务风险控制策略进行了研究。

随着科技的不断发展，移动智能技术、云计算等信息技术也有着不同程度的进展。目前，大数据成为社会大众所关注的热点，深度挖掘的大数据潜在价值，使政府部门可以更加准确地预测未来发展趋势。这种基于大数据分析所形成的社会发展趋势完美契合了政府对于财务风险控制的需求。对于政府部门财务风险管理来说，大数据时代的到来对传统财务风险管理产生了巨大的冲击。政府相关部门应研究当前财务管理中存在的问题，以优化大数据时代下财务风险控制环境。

一、大数据时代下政府部门财务风险预警中存在的问题

第一，财务管理观念陈旧，对大数据技术认识不到位。在大数据时代下，政府部门财务管理风险控制理念的落后严重影响了其对财务风险的控制。详细来说，由于过度强调地方经济考核指标，政府部门财务管理工作将重点放在了经济效益最大化的方向上，从而导致在社会管理过程中会遗漏掉一些非经济的信息，使财务管理陷入"唯经济成果论"中。在政府财务管理部门，员工在任职前的经历不同，所处岗位不同，对财务管理对象的认知也存在一点偏差，使其高度重视有形资产，轻视数据所包含的信息价值，从而导致政府的财务工作信息化建设严重滞后，无法与大数据的发展背景相融合。

第二，信息共享不及时，内控制度建设不完善。在大数据时代下，社会中各个环节的快速、有效沟通都是建立在信息共享的基础上的，而在政府部门财务管理中，信息共享不及时，造成财务会计数据真实性不高，根据这些数据分析出的信息应用性也不强。例如，某些部门在进行内控制度建设时，财务部门独立于其他部门，造成财务部门与其他部门之间的信息交流不及时、不顺畅，从而对财务部门数据收集工作产生一定的负面影响，甚至其他部门不积极配合、不支持财务部门的工作。政府部门财务数据的获取不及时、不准确，会造成部门所做出的财务管理决策缺乏全面性，增加了财务风险。

第三，财务人员素质较低，无法合理使用大数据技术。在大数据时代下，政府部门要想对财务风险进行有效的控制，就应对财务人员的数据分析能力、财务管理能力、风险意识、职业道德等素质要求更为严格。但就目前政府财务管理人员的基本素质情况来看，大部分财务管理人员的基本素质并没有达到大数据时代财务风险控制的最低要求，财务管理理念落后、专业知识不足、风险控制能力水平较低使他们在财务风险控制工作中难以起到真正的作用。

二、大数据时代下政府部门财务风险控制的相关对策

第一，分析大数据时代的财务管理特点，转变财务风险控制思维。大数据最基础的特点就是拥有海量的数据。在大数据时代下，政府部门的财务风险控制需要结合大数据分析技术，为政府相关部门提供可靠的数据信息。在政府部门财务风险控制过程中，创新理念对其有着非常重要的指导意义。相较于传统的财务风险而言，大数据时代下的财务风险具有了新的特征，越来越复杂的财务管理环境，需要更加系统的理论来支撑。由此可见，其一，要树立大数据意识，要将大数据分析观念有效融入财务会计信息处理的过程中，采用智能财务管理系统，把人工操作导致的财务风险降到最低，从而保证财务信息的真实、安全。与此同时，要在财务风险控制过程中逐渐渗透精细化的观念，从细节开始，当财务数据较多时更要注意细节，以保证对部门财务风险进行有效的控制。其二，要从政府部门的管理层开始改变对大数据的看法。当前有部分高层管理者认为大数据是通过模型对未来进行预测，而在政府部门实际会面临诸多不确定的因素而影响未来的发展，因此用大数据分析技术来进行预测缺少了灵活性。所以说，结合大数据背景，应利用数据分析结果的应用性来改变政府部门管理模式和对大数据分析技术的误解。其三，要明确财务风险控制的关键。通过大数据分析技术，对财务风险控制中的成本、收益进行深度分析，并尽最大努力来控制政府的财政损失，采用全程控制的思想，提升数据分析结果的应用性。其四，要将大数据融入政府部门的管理文化中。大数据管理是一种全面管理、系统管理、量化管理的思想，它不仅能够优化财务风险控制结构，还能够促进传统财务风险控制模式的改变，激发全体员工的积极性，增加财务风险控制工作对大数据分析技术的肯定。

第二，实施新的财务管理模式，创新财务风险控制方法。随着信息技术的不断发展，信息的更新速度也在不断加快，数据规模在不断扩大，数据整合的程度也有着飞跃性的发展。为了使政府部门的财务风险控制更加适应大数据背景，我们需要对传统的财务风险控制做出调整。管理者可以从以下方面入手。首先，结合大数据的优点建立新的财务风险控制模型。新的财务风险控制模型具有更全面的分类别分析功能，能够对政府部门所面临的财务风险进行直观的分析。其次，结合财务风险控制信息化的要求，优化财务风险控制组织的结构。在大数据时代下，传统财务风险控制工作的局限性要彻底打破，要采用科学合理的组织结构设置，明确财务管理信息化结构中工作人员的职责，为数据分析打下坚实的基础。最后，要完善财务风险控制流程。在政府部门实际运行的过程中，因为财务风险具有很强的传导性，所以财务风险控制流程也要相应地进行完善。否则，一旦某一环节出现空档，财务风险控制会受到较大的影响，政府财政经济将面临损失。

第三，加强数据分析人才培养，构建财务风险控制专业团队。在大数据时代下，传统财务风险控制工作中的员工已经不能满足大数据分析的工作要求，存在一定概率增加政府部门的财务风险，所以相关部门应加强对财务风险控制人员的培养。其一，从思想上提高人员对财务风险控制的认识。传统的财务风险控制知识已经无法满足当下的社会现状，政府可采用培训等活动，提高财务风险控制人员的信息技术水平，培养其信息化财务风险控制意识。其二，明确财务风险控制人员的工作岗位及岗位职责。要结合政府部门特点、业务需求，科学合理地设置财务风险控制人员岗位，促进政府部门财务风险控制工作的不断完善。其三，培养精准化的人才。政府部门财务风险有效控制离不开财务专业人员的支持，政府可以与各高校达成协议，培养精准化的人才，达到人才与部门财务风险控制的有效衔接。其四，制定对财务风险控制人员的绩效考核标准，在大数据时代下，政府可以依靠大数据分析技术的优势，对财务风险控制人员的工作做出全面的考核，保证政府内部财务风险控制的有效性。与此同时，检测工作人员的财务专业水平，并根据不同的需求制订不同的培训计划，避免因人为因素而造成的财务风险。其五，要高度重视财务工作人员的职业道德操守，不论是传统的财务风险控制工作，还是在大数据时代下的新的财务风险控制工作，财务人员的职业道德操守都是至关重要的。

综上所述，在大数据时代下，政府部门应将大数据的特点融入政府管理发展趋势等因素中，对政府部门的财务风险控制进行优化，深入分析财务风险控制过程中存在的难点，从思想上开始改变，从行动上做出调整，从信息化建设上取得支持，从人员培养中获得数据分析的应用价值，从而逐步优化财务风险控制环境，为政府部门的科学管理与决策打下坚实的财务基础。

参 考 文 献

[1] 潘栋梁，于新茹. 大数据时代下的财务管理分析 [M]. 长春：东北师范大学出版社，2017.

[2] 王小沐，高玲. 大数据时代我国企业的财务管理发展与变革 [M]. 长春：东北师范大学出版社，2017.

[3] 姚树春，周连生，张强，等. 大数据技术与应用 [M]. 成都：西南交通大学出版社，2018.

[4] 龙敏. 财务管理信息化研究 [M]. 长春：吉林大学出版社，2016.

[5] 李定清，曾林. 现代财务与会计探索：第三辑 [M]. 成都：西南交通大学出版社，2016.

[6] 何勤. 中小微企业创新创业热点问题研究 [M]. 北京：首都经济贸易大学出版社，2018.

[7] 黄本尧. 期权与企业财务风险管理研究 [M]. 北京：中国财政经济出版社，2003.

[8] 李艳华. 大数据信息时代企业财务风险管理与内部控制研究 [M]. 长春：吉林人民出版社，2019.

[9] 韩静. 企业战略并购财务风险管理研究 [M]. 南京：东南大学出版社，2012.

[10] 程德兴. 企业风险财务管理研究 [M]. 北京：石油工业出版社，1998.

[11] 雷振华. 中小企业财务风险预警管理研究 [M]. 北京：经济日报出版社，2010.